"体育强国"战略下
我国体育文化的重塑与发展研究

张佃波/著

吉林出版集团股份有限公司
全国百佳图书出版单位

图书在版编目（CIP）数据

"体育强国"战略下我国体育文化的重塑与发展研究/张佃波著. -- 长春：吉林出版集团股份有限公司，2021.7

ISBN 978-7-5731-0043-6

Ⅰ.①体… Ⅱ.①张… Ⅲ.①体育文化－研究－中国

Ⅳ.①G80-054

中国版本图书馆CIP数据核字（2021）第146259号

"TIYU QIANGGUO" ZHANLVE XIA WOGUO TIYU WENHUA DE CHONGSU YU FAZHAN YANJIU

"体育强国"战略下我国体育文化的重塑与发展研究

著　者	张佃波	
责任编辑	冯　雪	
装帧设计	马静静	

出　版　吉林出版集团股份有限公司
发　行　吉林出版集团社科图书有限公司
地　址　吉林省长春市南关区福祉大路5788号　邮编：130118
印　刷　三河市德贤弘印务有限公司
电　话　0431-81629712（总编办）　0431-81629729（营销中心）
抖音号　吉林出版集团社科图书有限公司 37009026326

开　本　710 mm×1000 mm　1 / 16
印　张　12.25
字　数　220 千字
插　图　12 幅
版　次　2022 年 4 月第 1 版
印　次　2022 年 4 月第 1 次印刷

书　号　ISBN 978-7-5731-0043-6
定　价　78.00 元

如有印装质量问题，请与市场营销中心联系调换。0431-81629729

前　言

2019 年 9 月 2 日,国务院办公厅印发《体育强国建设纲要》(简称《纲要》),部署推动体育强国建设,充分发挥体育在我国社会主义现代化建设中的重要作用。"体育强国"可以说是我国体育事业发展的一个重大战略,在这一宏观战略的引领下,我国各项体育事业就有了正确的发展方向,能够有的放矢地展开各项活动。"体育强国"这一战略目标的实现,不仅仅指的是竞技体育的发展,同时还包括学校体育、群众体育、农村体育等各个方面的发展,只有以上几个方面共同发展到一定程度了才能称得上是"体育强国"。目前我国的竞技体育实力可以说在世界上名列前茅,通过多年来的发展,我国的竞技体育实力一直居于世界前列。但在学校体育、群众体育、农村体育等方面,其发展还难以令人满意。

以上所说的竞技体育、群众体育、农村体育等都属于体育事业的重要内容,这些内容共同构成了体育文化体系,这一体育文化体系的发展对于整个社会的发展都能产生非常重要的影响,并且随着时代的不断发展,这一影响也不断加大。因此,加强"体育强国"战略背景下体育文化的研究是尤为必要的。

在"体育强国"战略的实施背景下,我国体育文化在发展的过程中呈现出与以往不同的姿态,显得更加有生机和活力。但在发展的过程中也受到一些阻碍,在体育物质文化、体育制度文化、体育精神文化等方面存在不少的问题,因此在新的时代背景下,在"体育强国"战略的引领下重塑体育文化,推动我国体育文化的进一步发展是时代发展的要求,是我国社会主义现代化建设的要求,同时也是实现中华民族伟大复兴的必然要求。

本书以"体育强国"战略为时代背景,重点研究我国体育文化在新的时代背景下的重塑与发展。第一章重点对"体育强国"战略做出深入细致的解读,并阐述了"体育强国"发展的时代背景,从而为本书的研究奠定良好的基础。第二章重点剖析了体育文化体系,并分析了体育文化的发展态势。其中对体育物质文化、体育精神文化、体育制度文化三个层面进行了深入细致的研究与分析。第三章至第六章分别对我国的竞技体育、群众体育、学校体育、农村体育等各部分体育文化的内容做出了深入的研究与分析，在调查与分析各体育文化内容发展现状的基础上，提出了推动以上体育文化的发展策略。第七章重点研究了"体育强国"战略下我国体育文化的产业化发展，体育文化的产业化发展是促进我国体育文化软实力提升的重要路径，同时也符合现代市场经济发展的规律和要求，促进体育文化产业化的发展对于我国"体育强国"战略的实施具有重要的价值和意义。第八章研究了"体育强国"战略背景下我国体育文化重塑与发展的路径——提升体育文化软实力，提出了促进我国体育文化软实力发展的策略。

随着时代的变革与发展，体育文化的辐射力逐步加大，如今体育已渗透进社会的各个角落，对人们的日常生活产生了重要的影响。关于体育文化的研究也成为当前一个研究的热点。本书在撰写的过程中，参考和借鉴了大量有关体育文化方面的书籍和资料，在此向有关专家及学者致以诚恳的谢意。当然，研究是不断向前发展的，受本人水平所限，本书肯定存在诸多不足之处，恳请广大读者批评指正，以便今后进一步完善。

作　者

2020 年 11 月

目　录

第一章 "体育强国"战略解读及现实背景分析

体育强国是新时代我国体育事业发展的总目标,习近平主席的体育强国思想对我国体育事业发展具有重要的统领作用。体育强国战略在助力中华民族伟大复兴、满足人民美好生活需要、实现中国体育长远发展目标等方面均有重要意义。本章主要就"体育强国"战略及其现实背景展开分析,主要内容包括"体育强国"的概念、基本特征、战略实施解读以及习近平主席的体育强国思想。

第一节 "体育强国"及其概念解读

一、体育强国概念的发展

我国第一次提出体育强国的概念是在 1983 年,这个概念最早出现在《关于要求国家体育委员会进一步开创体育新局面的通知》(由国务院发布)中,体育强国概念的提出体现了 20 世纪 80 年代我国社会进步与体育发展的需要。体育强国概念的提出为我国体育事业的发展提供了一个重要的思路,在该思路的引导下,我国不断探索体育发展的多元路径,深入挖掘体育的社会价值和文化功能,促进体育事业的可持续与创新发展。

改革开放初期,我国主抓竞技体育,希望通过发展竞技体育来促进民族自信心的提升和民族自尊心的强大,并将提高竞技体育水平作为实现体育强国梦的重要突破口。这一时期人们片面地认为我国竞技体育运动员在国际性大型体育比赛尤其是像奥运会这样的比赛中所获得的奖牌名列前几名就实现了体育强国的发展目标。在举国体制的领导下,我国竞技体育的发展确实突飞猛进。

20 世纪 90 年代中期,我国提出了体育强国的两大支柱,分别是群众体育和竞技体育,于是我国在 1995 年 6 月和 7 月接连颁布了《全民健身计划纲要》和《奥运争光计划纲要(1994—2000)》。

2008 年,我国在北京奥运会上获得的金牌数名列世界第一,这标志着我国竞技体育水平又上升了一个新的高度,但要实现体育强国梦,还有很长很艰难的路要走。党的十八大以来,我国将全民健身提升到国家战略的高度,以此来促进群众体育的发展。随着群众体育地位的提升,群众体育比赛项目开始出现在第 13 届全运会中。与此同时,我国在体育事业发展规划中也强调了体育产业的重要性,这是我国体育事业转型与多元化发展的一个重要突破口。

随着体育事业的深入改革,我国探索出一条体医结合的新路径,《"健康中国 2030"规划纲要》从政策上支持体医结合。党的十九大强调"加快建设体育强国",这是新时期我国发展体育事业的重要战略目标与努力方向,为实现这一目标,需要在体育强国战略体系的构建中树立新理念,探索多元化路径,促进体育事业各方面的协调发展,并体现出战略体系的层次性,突出战略体系的重点。

现在,我国迎来了新时代建设体育强国的重要机遇,同时也是巨大挑战,那就是将于 2022 年举办的冬奥会,为了顺利举办好这项全球性的运动盛会,我国快速发展冰雪产业,加大对冰雪专业人才的培养力度,积极鼓励广大群众参与冬季运动,这些举措对于我国实现体育强国梦也有重要意义。

2019 年 9 月我国发布了《体育强国建设纲要》,提出了建设体育强国、实现体育强国战略目标要加强政府层面在宏观角度的管理,要重视人民群众的体育锻炼和健康,要靠经济发展提供内在动力,要在精神上支持体育强国建设,要加强体育事业的对外发展与合作共赢,要出台全方位的政策体系,同时要突显重点发展项目,等等。这些都是我国进行体育强国建设的重要战略部署,也是丰富体育强国内涵的重要途径。

二、关于"体育强国"概念的几个观点

(一)"内涵"和"外延"之说

判断一个国家是不是体育强国,目前还没有统一的评价指标,一般情况下主要从竞技比赛成绩和全民健身开展情况两个维度来进行体育强国的评价。我们应该着眼于体育的实质来理解体育强国的内涵。增强体质、促进体质健康是体育的实质,体质健康是全面的健康,包括生理健康、心

理健康、社会适应能力强和道德素质好四个维度。具有强身健体功能、娱乐身心功能和社会交往功能的运动项目;为体育运动开展提供基础物质支撑的运动设施;承载着中华民族优秀传统文化的体育文化与体育精神以及推动体育规范持续发展的体育制度等都是体育的重要组成部分,理解体育的本质不能忽略这些方面,而全方位理解体育的本质有助于认识体育强国的内涵。

体育强国的外延主要从竞技体育、大众体育、校园体育、体育文化建设等体育多元化发展中体现出来,这些方面比其他国家优秀可以作为判断体育强国的一个重要指标。

从体育强国"内涵"与"外延"之说的观点来看,体育强国指的是以大众体育、校园体育、体育文化为基础,以竞技体育为先导的体育事业体系内各领域的成就之和位于世界前列的国家。[①]

（二）"硬实力"和"软实力"之说

体育强国的"强"体现在硬实力和软实力两个方面。硬实力指的是物质力量,它是有形的一面,软实力指的是无形的内在的精神力量。我国由体育大国向体育强国发展,不仅要重视硬实力的提升,还要注重软实力的发展,二者缺一不可,要一视同仁地对待,不可厚此薄彼,否则会阻碍我国从体育大国向体育强国进军的脚步。

体育强国建设中硬实力与软实力相互作用,相辅相成,在我国体育综合实力的构成中,硬实力是物质基础,软实力是精神基础,硬实力为软实力的发展提供物质基础,软实力对硬实力的发挥效力有决定性影响,促进物质力量聚积速度的加快,从而推动硬实力发展壮大。

我国发展体育事业,软实力最易被忽视,事实上软实力的重要性远远超出人们的想象。世界上最坚硬的东西能够被最柔软的东西战胜,这句话充分说明了软实力这一无形力量的重要性。从国家的宏观视角来看,国家形象,国际规则塑造力,体制、价值观及文化的吸引力等都属于软实力的范畴,软实力对内体现在凝聚力上,对外体现在吸引力与影响力上。

世界上的体育强国不仅体育硬实力过硬,而且体育软实力也很"硬",主要表现为体育规则完善、国际形象良好、体育体制健全且与世界体育体制接轨、体育文化丰富且吸引力很强,对外产生了很重要的国际影响力,对内对挖掘本国体育发展潜力有显著的促进作用。

---

① 林超.体育强国概念研究的评述[J].福建体育科技,2013,32(3):15-17.

（三）"体育大国"和"体育强国"的比较

体育大国与体育强国，从字面上来看，一个是"大"，一个是"强"，虽然只有一个字不同，但二者的区别却体现在本质上。"大"偏重于强调规模与数量，"强"偏重于强调质量和实力，二者是"量"与"质"的区别，在发展层次与水平上大有不同。我们说一个国家是体育大国，主要是说这个国家体育发展规模大，而且体育资源数量多，体育大国在世界体坛的地位举足轻重。当说一个国家是体育强国时，说明这个国家拥有超强的体育综合实力，体育发展总体水平在世界上位居前列。

体育大国的评价与判断标准主要有体育物质资源的数量、体育财力资源的投入、体育人口的规模、运动项目是否广泛而自由地开展等，这些都是体育发展的显性特征的表现。体育强国的衡量指标和判断标准比体育大国多，不仅要看"量"，还要看"质"，除了体育大国的那些衡量指标外，还包括体育学科研究水平、体育体制完善程度、体育产业发展水平、体育文化建设水平、体育理念的先进性以及体育管理技术的前沿性等，体育强国是在体育大国基础上的深层次与高水平发展，体育强国基础上积累起来的量为建设体育强国奠定了雄厚的基础。我们在衡量一个国家是否是体育强国时，以上所列的主要指标是需要重点考虑的内容，但并不意味着要从所有的指标出发来衡量，体育强国并不意味着这个国家体育事业的发展十全十美甚至是完美，如果非要从完美视角来衡量，那无异于苛求。事实上，竞技体育成绩在世界上遥遥领先，大众体育发展水平居世界前列，同时体育各个领域的发展水平都很高的体育强国几乎是不存在的。所以我们在体育强国的判断中，不要以完美的标准去衡量，而要看这个国家的体育事业是否在总体上达到了质与量的统一，其竞技体育与大众体育是否和谐发展且均处于被绝大多数人认可的世界较高水平。①

三、体育强国的基本内涵

探讨体育强国的内涵，关键是要在科学的发展理念下弄清体育强国的本质特征。任何事物都处于不断发展与变化中，这是马克思主义哲学观的基本内容，从这一理论来看，体育强国的理念也是不断变化的，是随时代进步而发展与完善的，体育强国理念的发展与完善既是对原有理念的继承，也是在原来基础上的创新，在继承与创新的交替中体育强国的内

---

① 林超.体育强国概念研究的评述[J].福建体育科技，2013，32（3）：15-17.

涵越来越丰富。在新的历史时期,我们可以从下面两个认知层面来理解体育强国的基本内涵。

一方面,"以人为本"是体育强国的根本,构建体育强国必须把这个"根"扎牢扎稳,要尽可能满足人民群众对健康和美好生活的需求,促进人民群众健康水平的提高,在发展竞技体育的同时兼顾全民健身和群众体育的发展,早日实践全民健康的健康中国战略目标。

另一方面,体育精神是体育强国建设的关键,要将体育核心精神、体育文化融入竞技体育和全民健身的发展中,促进和谐体育风尚的形成,提升中华民族的精气神,使全世界人民透过体育感知中华民族精神与优秀文化。

现在,体育强国建设随着时代进步、社会发展以及体育功能的完善而表现出多元化趋势。我国在全方位、多元化的大国体育战略下进行体育强国建设与布局,集中力量搞好竞技体育的同时,大力推行全民健身计划与奥运争光计划,并积极发展体育产业,不断完善体育文化体系,使竞技体育、大众体育、体育文化、体育产业成为体育强国的几大重要支柱。"体育强国"是我国最高层次的体育发展战略目标,要实现该目标,就要先实现大国体育战略目标和全民健身战略目标,即分别要大力发展竞技体育与群众体育,与此同时,还要提升体育软实力,加强体育文化建设,而这又需要通过发展体育产业来提供基础保障。

总之,我国要结合时代背景对体育强国的内涵进行科学审视,对体育强国建设与发展体系进行科学构建与完善,积极探索实现体育强国战略目标的多元路径,这些是我们当前关于体育强国研究的重点,这些研究对我国早日实现体育强国梦具有重要的理论指导价值和实践意义。

第二节 "体育强国"的基本特征

一、以人为本

促进人体健康是体育的本质,因此要把体育事业做大做强,要树立以人为本的理念,在体育强国建设中尽最大努力促进人民体质健康、促进全民体质增强,使人民群众参与体育运动的竞技、健身、娱乐及精神需求得到满足,真正体现出依靠人民办体育、使体育为民服务的宗旨。

当前,我国体育人口规模不断扩大,其绝对数量在世界上位于前列,但体育人口在我国总人口中所占的比例不足一半,和欧美国家体育人口比例相比还相对落后。另外,参与体育健身锻炼的体育人口在年龄结构上以青少年和老年人为主,青年人所占比例并不多。而且从有关国民体质监测的数据来看,青少年学生和青年人的体质情况都不太乐观,一些身体指标呈明显下降趋势,可见,我国发展大众体育事业并没有很好地实现提高全民体质健康水平的目标,也未充分体现出体育的本质特征与价值意义。

建设体育强国要树立科学理念,"以人为本"是众多理念中的核心,开展体育强国建设的一系列工作都要将人民的利益放在第一位,对个体价值与社会价值的关系有清晰的认识,并予以妥善处理。人的全面发展是社会发展的最终目标,因此应该将人的全面发展作为重要的体育价值观来指导体育强国建设,并在这一观念下推动体育强国建设与社会经济发展的协同并行。

二、国际性与特色性

在体育强国建设中应该开拓视野,放眼世界,立足世界。欧美国家的体育事业之所以能做大做强,与其体育外交战略、体育走出去战略有很大的关系,所以欧美国家体育事业的发展不仅给国家带来了可观的财富与利益,而且在国际上也产生了广大的影响力,在世界上的认同度极高。因此我国发展体育事业,建设体育强国,必须放眼世界,而不能将目光仅停留在本土范围内。我们并不是提倡盲目效仿欧美国家体育走向世界的路子,而是强调立足世界来进行体育改革与创新,适当借鉴别国的成功经验,关键还是要探索一条中国特色社会主义体育发展之路,将我国打造成为具有社会主义特色的体育强国。

体育文化的形成与发展本身就体现出鲜明的继承性和创新性特征,在体育文化建设中也要体现这两点。要体现与突出继承性,就要遵循科学的价值观,树立和谐发展理念,正确理解人际关系和人与自然、社会的关系,准确把握事物发展的"和而不同"规律。体育文化建设是体育强国建设中的一项重要工作,建设体育文化,要将民族文化特色彰显出来,要注重对特色的优秀的民族文化的传承与传播。在体育文化建设中,还要将传统文化和现代文化的关系处理好,将东方文化与西方文化的关系处理好,并促进我国各民族文化的融合发展。在现代体育文明建设中,核心在于对体育文化的传承、延续和创新,既不能一味迷恋传统文化,也不能完全摒弃传统文化,而应有选择地传承,并结合新时代的需要而进行创新。中华民族体育文化是在继承、发扬与创新中逐步发展和走向世界的，民族特色是体育文化国际化发展的动力。

三、全面协调

体育事业全面发展、协调发展以及可持续发展是体育强国的"强"的体现。全面发展指的是竞技体育、大众体育、校园体育、体育产业、体育文化等各个领域都要共同发展。协调发展指的是这些体育领域相辅相成，在各自发展的同时互帮互助。可持续发展指的是各领域的可持续发展和形成合力后整个体育事业的可持续发展。

体育强国的强绝不仅仅体现在竞技成绩上，其余体育事业的发展水平及各项事业之间的协调性也是体育强国之强的衡量指标，因此要大力推动不同体育项目的协同发展；不同地区体育事业的协同发展；竞技体育、大众体育、学校体育、体育产业的协调发展，等等。

四、群众基础广泛

体育强国的发展需要有广泛的群众基础。如果没有广泛的群众基础，体育强国的发展目标是无法完全实现的。脱离群众的体育强国目标是虚无缥缈的，不可能实现。而且很多体育事业领域对人才提出了严格的要求和广大的需求，所以必然需要广泛的群众基础才能够提供充足的人才。随着社会的发展和进步，我国群众参与体育活动的积极性也在提升，体育运动的群众基础日益广泛。可见，在体育强国的建设中体现了群众基础广泛的特征。

五、体育成绩优异

在体育强国建设中，提升国家体育成绩是一个关键目标。而且国家体育成绩也是衡量体育强国的一个重要指标。这里的体育成绩是综合性的，不仅仅是单个体育项目的成绩，更是国家整体的体育成绩。对于我国的优势体育项目，要保持国际领先水平，对于劣势体育项目，则要扩大成绩的提升空间。因而在体育强国的指导思想下，要求我国体育发展水平整体提高到一定的高度。

六、体育市场成熟

我国建设体育强国要重视体育产业的市场化运作。如果忽视了体育产业的发展,商业性的体育活动难以顺利得到开展。只有通过成熟的市场化运作,才能够真正推动我国体育产业的可持续发展,提高体育产业发展的强劲动力,从而推动我国体育事业的不断进步与发展。当前我国体育市场发展进程中,各类体育赛事的成功举办、体育广告与宣传力度的提升、体育推广活动的开展等都表明我国体育市场不断成熟。

第三节 "体育强国"战略实施的背景

一、我国不同时期的体育强国思想

(一)新中国成立之初的体育强国思想

毛泽东同志有非常丰富的体育实践经验,因此他对体育的研究非常深刻,而且提出了许多内涵丰富、深刻的体育思想。毛泽东同志认为,体育在军事领域发挥着重要的作用,如增强士兵体质、提高军队战斗力等。长期生活在革命根据地的毛泽东同志经常组织当地的人民群众开展红色体育运动,这不仅促进了人民群众身体素质的改善,也使根据地生活更加丰富多彩。毛泽东同志教导大家,加强体育锻炼,可以提高个人精力,改善心理素质,在学习与工作中做出更多更好的成绩,为国家的发展做出更多更大的贡献。

随着社会的进步、科技成果的充分运用以及世界现代化、信息化、全球化进程的加快,体育在人们生活中的重要性也得到了充分认可与高度重视。与此同时,我国经济快速发展使多数人的物质需求得到了满足,在这种情况下人们对体育有了越来越多的需求。体育强国战略要求我们从全球视角审视中国体育,以国际标准衡量中国体育的发展水平。因此,坚持毛泽东同志的体育思想,坚持"发展体育运动,增强人民体质"的体育方针具有重要的历史意义和现实意义。

（二）改革开放时期的体育强国思想

邓小平同志继承了毛泽东同志的体育思想，并在此基础上进行了补充，使体育思想更加丰富、深刻。邓小平同志提出了"建设有中国特色的社会主义"的理论。这表明，每个国家的发展都必须形成并突出自己的特色，有特色的国家在世界上才有竞争力，才有可能持续生存与长久发展下去。改革开放后，我国在邓小平同志这一理论的号召下积极致力于具有中国特色的体育事业的建设。

一个国家体育文化的发展情况既能展示国家形象，也能反映出该国的综合实力水平。邓小平同志曾指出"体育运动搞得好不好，影响太大了，是一个国家经济、文明的表现，体育鼓舞了这么多人，吸引了这么多观众、听众，因此我们一定要把体育搞起来。"[①]在我国女排精神弘扬海外，中国乒乓球队在世界大赛中接连获得好成绩时，邓小平同志号召全国人民尤其是体育工作者向他们学习，并强调中国女排与乒乓球运动员的精神力量是不可估量的，对构建社会主义精神文明具有重大意义。可见，体育不仅能使人锻炼身体，增强体质，还能通过传递正能量来鼓舞精神，使人民群众神采奕奕，彰显社会主义风采。此外，邓小平同志非常重视培养青少年群体的健康素质，将培养青少年与国家未来发展和民族强大紧紧联系在一起。总之，在全民健康这一基础上进行体育强国建设，将更有助于我国体育事业的持久发展。

（三）新时代的体育强国思想

衡量一个国家是不是体育强国，其竞技体育发展水平是一个非常重要的指标。随着经济的发展与科技的进步，各国在竞技体育运动员训练与管理方面的差距逐步缩小，而选拔与培养优秀的竞技体育后备人才成为各国竞技体育发展的主要着眼点。只有选拔出有潜力的运动苗子，并进行科学培养，才能使其发展成为高水平优秀运动员，在重大比赛中取得好成绩，为国争光，为国家竞技体育的发展做出贡献。我国在北京奥运会上获得的成绩取得了历史性的突破，此后，我国就加快了从体育大国迈向体育强国的步伐。

中国的体育思想在毛泽东时期处于萌芽阶段，在邓小平时期处于探

---

① 梁玉娇.新时代体育强国战略的背景与意义[J].体育世界（学术版），2019（2）：56-57.

索与发展阶段,目前则处于一个趋于成熟的阶段。[①] 体育强则国强,体育兴则国兴。十八大以来,习近平总书记在多次讲话中都谈到关于体育发展的问题,强调体育的重要性,并从国家现状出发强调开展青少年体育的重要性,从而为"中国梦"的实现而奠定基础。

二、当前我国体育的发展现状

(一)竞技体育发展现状

1. 竞技体育管理运行机制

我国竞技体育管理的主要模式是以政府管理机制为主,我国竞技体育的直接管理机构是国家体育总局下属的竞技体育司。我国体育管理的运行机制经历了由计划经济体制下的体育管理运行机制向市场经济管理体制下的运行体制再向社会化职业化趋势转变的过程。2008年北京奥运会成功举办后,在竞技体育方面获得的优异成绩在一定程度上使我国进一步提出迈向体育强国的战略部署,但我们必须认识到我国当前还不是体育强国的事实,体育强国是一个多维度的概念,群众体育发展落后是我国实施体育强国战略遭遇瓶颈的重要原因。基于这一现实状况,我国重新审视体育发展的道路,并在此基础上提出了"转变体育发展方式"促进体育事业科学可持续发展的战略设想。就目前而言,竞技体育发展的市场化和社会化已经成为国家体育发展的必然趋势,我国竞技体育管理正逐步与国际接轨,呈现出社会化和市场化的趋势。[②]

2. 竞技体育成绩及优势项目分布

新中国成立以来我国在竞技体育上的辉煌成就奠定了我国体育发展的基础,同时也为实现体育强国战略目标提供了重要保障。正是在竞技体育上取得的成绩夯实了我们迈向体育强国的实践基础。综合分析我国竞技体育的综合实力会发现,尽管我国体育代表团获得奖牌总数已经位于奖牌榜前列,但我国竞技体育项目发展失衡的问题比较严重,我国优势项目主要集中在乒乓球、跳水、羽毛球、体操、举重、射击等项目上,对于奥运会中的高含金项目上仍然与世界强国差距很大,部分项目仍然不具备

① 梁玉娇.新时代体育强国战略的背景与意义[J].体育世界(学术版),2019(2):56-57.

② 王智慧.体育强国的评价体系与实现路径研究[D].北京:北京体育大学,2014.

冲击奖牌的实力,甚至不具备进入预赛的实力。[1]

（二）群众体育发展现状

群众体育也叫大众体育,群众体育的参与对象包括全体社会成员,群众体育的目的主要在于增强体质、调节社会情感、丰富生活。群众体育的发展不仅反映一个国家和地区的体育参与状况,更间接折射出这个国家和地区人们的生活水平和体质健康状况。群众体育的开展是竞技体育的基础,新中国成立以来我国一直在理论上将群众体育和竞技体育定位为协调发展、普及和提高的关系,但是由于在实践工作中种种因素的影响,国家对竞技体育的投入程度和重视程度明显高于群众体育,导致群众体育发展滞后。至今群众体育总体发展水平不高,国民体质下降,城乡群众体育发展不均衡,青少年体质下降等问题仍然存在。

目前,广大人民群众日益增长的体育需求与体育资源相对不足之间的矛盾仍然是困扰我国体育事业发展的主要矛盾。尤其是在群众体育发展领域还存在着诸多问题,比如体育公共服务领域的供给不足,体育场馆建设、体育组织体系建立、体育健身科学化等方面与体育强国的标准差距甚远,不能满足广大人民群众的实际需求。[2]

（三）体育产业与科技发展现状

我国成功举办北京奥运会后,体育事业获得了空前发展,特别是体育产业呈现出了突飞猛进的发展态势。在这一大背景下,体育产业的投资主体呈现出多元化趋势,体育产业市场日趋成熟,先后建立多个国家级体育产业基地,体育彩票销售额逐年提高。

在体育科技发面,经过北京奥运会的实践我国体育科技在体育事业中的作用进一步凸显,尤其在竞技体育训练、恢复、指导等方面发挥了重要作用。但是目前我国体育科技的成果转化程度还不够,自主创新意识和能力还有待进一步提升。

整体来看,我国体育产业和体育科技工作仍然处于初级发展阶段,还有诸多问题有待解决,如体育产业发展中面临着政策制度不完善,产业结构不合理;体育文化创意产业处于起步阶段;体育产业市场规模与影响力不大,管理水平有待提升;相关法律法规建设有待于进一步完善;体育

---

① 王智慧.体育强国的评价体系与实现路径研究[D].北京:北京体育大学,2014.
② 王智慧.体育强国的评价体系与实现路径研究[D].北京:北京体育大学,2014.

核心产业疲软,品牌建设不理想等诸多问题。此外,我国在体育科技方面的国际影响力有待进一步提高;体育科技成果的生产力转换能力和自主创新能力也不强;体育科技解决关键问题的能力有待进一步提升。[①]

第四节　习近平主席的体育强国思想

党的十八大以来,以习近平主席为核心的党中央从民族复兴和治国理政的战略高度出发,对中国体育提出了一系列新思想、新理念、新战略、新举措,形成了较为完整、内涵丰富的体育强国思想体系。习近平主席在党的十九大报告中提出加快推进体育强国建设,内涵丰富、意义深远,具有高度的概括性和重要的指导性。

一、习近平主席体育强国思想的战略布局分析

（一）战略定位：体育梦助力中国梦

2012 年,习近平总书记在参观《复兴之路》时提出了全国人民的奋斗目标"中国梦",它诠释了全国人民对未来美好生活的向往,也为新时代的中国人提出了希望。从概念内涵方面来说,"中国梦"是全国不同阶层、不同职业、不同年龄人的共同理想诉求。

"体育梦"的实现是以广大人民群众为载体,开展竞技体育、群众体育、学校体育等各种体育活动,带动体育文化、体育产业、体育外交的发展,最终达到体育强国的宏伟目标。近些年,随着我国竞技体育水平的提高,我国在国际上的知名度显著提升,我国延续历史上"以小球带动大球"的外交手段,以此来加强和世界其他国家的合作关系,提升国家话语权。因此,努力实现"体育梦"是实现"中国梦"宏伟目标的一大助力。

确立新时代体育梦助力中国梦的战略定位,能够使体育梦和中国梦都终统一于中华民族伟大复兴的战略中。

（二）战略方针：以人为本的"大体育观"

在新时代中国特色社会主义思想背景下,中国体育正深入改革,由封

---

① 王智慧.体育强国的评价体系与实现路径研究[D].北京：北京体育大学,2014.

闭走向开放,由小众走向大众,由单一走向多元,逐步形成了"大体育"的工作格局。"大体育观"是指对体育事业同社会经济、科技、文化、教育等不同方面的协同发展进行宏观上、整体上的把握,将体育看作社会文明、科技进步和民族素质提高的综合产物,看作人民追求健康、幸福、长寿和自我完善的文化现象。

党的十八大以来,以习近平主席为核心的党中央把全民健康作为全面小康的重要基础,强调把人民健康放在优先发展的战略位置。从十八届五中全会做出"推进健康中国建设"的重大决策,到新世纪第一次全国卫生与健康大会的隆重召开,开启了健康中国建设的新征程;从印发《"健康中国 2030"规划纲要》到党的十九大提出"实施健康中国战略",以人为本,以人民为中心加快健康中国建设的指导思想、顶层设计和实施路径逐步深入化、系统化、具体化。

实施健康中国战略,要完善国民健康政策,为人民群众提供全方位全周期健康服务。把人民作为发展体育事业的主体,把满足人民健身需求、促进人的全面发展作为体育工作的出发点和落脚点。以人为本的"大体育观"战略方针是习近平体育强国思想战略布局的核心要素,心中有人民群众是我国建设体育强国的不竭动力源泉。

(三)战略目标:建设健康中国、体育强国

改革开放以来,中国体育事业的发展成绩举世瞩目。自 2000 年第 27 届悉尼夏季奥运会至今,中国金牌数一直雄踞世界前三,俨然确立了体育大国的地位,中国体育事业蒸蒸日上。2016 年,国家印发《"健康中国 2030"规划纲要》,健康中国上升为国家战略,逐步形成了全民健身助力全民健康,全民健康推动健康中国建设的新局面。这是党中央、国务院的建设健康中国的一项重大决策部署,是提高人民身体素质和健康水平的重要举措。但是,当前人们日益增长的体育需求与体育资源分配不平衡是我国体育发展中存在的根本矛盾,开发不合理、调控机制不完善的矛盾在未来很长一段时间内将继续存在。因此,以金牌为主导的小众化"体育大国"迈向大众化"体育强国"任重道远。

(四)战略思路:促进全民健身和全民健康融合

2016 年 8 月,习近平主席在全国卫生与健康大会提出了"推动全民健身和全民健康深度融合"的时代命题,全民健身和全民健康深度融合研究的序幕由此拉开。推进全民健身与全民健康融合,《全民健身计划

（2016—2020 年）》《"健康中国 2030"规划纲要》和《"十三五"卫生与健康规划》等文件以及 2016 年全国卫生与健康大会精神具有重要指导作用。我们应树立"大体育""大健康"的理念,实现由以治病为中心向以人民健康为中心的转变,以满足人民群众健康需求和解决主要健康问题为导向,坚持"政府主导、部门协作、动员社会、全民参与"的方针,发挥体育在促进健康、防治疾病等方面的优势,实现体育在鼓舞精神、团结力量、推动社会经济发展等方面的功能与价值。[①] 推动全民健身和全民健康协同发展,共建共享健康中国和体育强国。

二、习近平主席体育强国思想的主要特征

（一）继承性

在中国特色社会主义思想体系中,习近平主席的体育强国思想是非常重要的一个组成部分。习近平主席的体育强国思想继承了马克思主义的观点,也在此基础上有所发展和创新。马克思主义中关于体育观的阐述虽然不够系统、详细,但是也对习近平主席体育强国思想的形成具有举足轻重的指导意义。下面具体分析习近平主席体育强国思想所继承的马克思主义的主要内容。

1. 实事求是

习近平主席对体育强国思想的提出是建立在对中国国情和当前我国体育发展现状进行考虑的基础上的,这是继承马克思主义实事求是思想观念的体现。立足现实所提出的体育强国思想与我国社会主义初级阶段的国情及体育事业发展现状相符,这一思想有助于化解当前我国体育事业发展中存在的主要矛盾。

2. 以人民为中心

习近平主席强调对全民健身战略的推进与落实,促进全民健身的普及与提高,以提高广大人民群众的健康水平。此外,给人民群众以获得感,使人民对体育发展成果予以享受是体育供给侧改革的最终目的。这也体现了以人民为中心的重要理念。

---

① 李鹏.新时代习近平体育强国思想研究[J].文体用品与科技,2019（22）：50-51.

3.具体问题具体分析

习近平主席的体育强国思想中指出,面对不同体育领域的发展问题,要采用不同的方法来解决,如发展竞技体育,要重点进行结构优化和后劲培养;发展群众体育,要重点在广度与深度上进行拓展;而发展体育产业,政策的完善与思路创新是关键,体育事业的发展要体现多元化,要根据具体问题来探索对策,不能什么问题都用一个路子解决。

(二)时代性

习近平主席的体育强国思想具有时代性特征。习近平主席在新时代背景下提出体育强国思想,这一思想的形成将我国社会发展的主要矛盾、体育发展的主要问题以及体育事业的发展趋向深刻反映出来。具体来说,习近平主席的体育强国思想的时代性具体体现在以下两个方面。

1.体育强国梦是助力实现中国梦的关键

习近平主席在党的十九大报告中指出要实现中国梦,实现伟大复兴的目标,满足人民群众对美好生活的需求。中国梦的实现离不开体育强国梦的助力。在体育强国建设中,要深入理解体育强国梦对实现中国梦的意义,准确把握二者的关系。国富民强是中国梦的主要目标,体育对建设富强国家、振兴民族希望及促进人民健康具有重要意义,因此在实现中国梦的道路上,要将体育强国建设作为重点工程来抓,使我国体育事业迎来新的希望,使人民期待的美好生活早日来临。不管是个人梦想,还是体育强国梦,无不与中国梦息息相关、紧紧联系在一起,如果没有祖国这一强大后盾,个人梦想和体育发展目标都难以实现,只有祖国强大,民族繁荣昌盛,个人梦想才能更好地实现。中国梦是由许许多多的小梦想组合在一起形成的,体育强国梦就是其中一个,所以要正确把握二者关系,通过实现体育强国梦来助推中国梦的实现。

2.体育强国思想反映了社会主要矛盾

当前,广大人民群众对美好生活的需要和社会发展不充分、不平衡之间的矛盾是我国的主要矛盾。从体育方面处理这一矛盾,就要促进体育的充分发展与平衡发展,满足人民群众对体育的需要。习近平主席强调发展体育事业要坚持以人为本的理念与原则,要围绕人民群众这个中心来发展体育事业,要尽可能使体育事业的主体——广大人民参与到发展体育事业的行列中来,满足人民群众对体育的需求,实现人民过上健康美好生活的愿望。为了促进体育事业的充分发展与平衡发展,习近平主席提出不能只发展竞技体育,而要将竞技体育、大众体育及体育产业的发展结合起来,促进协调平衡发展,此外,还要推动体育事业与社会经济、教育、文化等各方面的协同发展,从而使社会主要矛盾得到良好的解决。

总的来说,习近平主席的体育强国思想是为解决社会主要矛盾而提出的符合中国国情、具有时代性的重要体育思想。

（三）政治性

体育具有重要的政治功能,具体表现为促进社会秩序的稳定、对国家形象与特色的展现以及对民族精神的弘扬。习近平主席的体育强国思想也具有政治性,主要体现在以下两个方面。

1. 展现国家形象

体育大赛是将国家形象展现给世界观众的一个重要窗口。习近平主席多次强调要充分把握中国举办冬奥会的机会,借助冬奥会将全新的中国形象以更自信、更开放的姿态呈现给全世界。我国在发展体育事业的过程中一直努力将体育大国的形象展现给世界人民,从 2008 年北京奥运会到即将到来的 2022 年北京—张家口冬奥会,我国一直在展现国家形象的路上,不断证明我国的体育实力和综合国力。在习近平主席体育强国思想的指引下,体育作为彰显国家形象和见证国家综合实力的载体发挥了重要作用,如中国女排在 2016 年里约奥运会上重新夺冠、中国在奥运会中的金牌数与奖牌数连续几届占据前列等。

2. 促进民族自尊心的提升

一个国家是否被国民认可与依赖决定了这个国家的发展高度,而国民认可与依赖国家的程度是通过民族自尊心和自豪感来衡量的。我国人民群众在习近平主席体育强国思想的指导下越来越认可与依赖国家。第 13 届全国运动会期间,我国对体育先进单位、先进个人、先进集体、先进工作者等进行了表彰。被表彰的个人或集体为国家体育事业的发展做出了杰出的贡献,这都源自于他们对国家的认可,对体育的热情。当前,马拉松赛事的举办如火如荼,参加马拉松比赛的人口不断增加,人们参赛的积极与热情表明了他们对体育发展的支持,可见习近平主席的体育强国思想得到了大众的认可,并获得了积极响应。自从我国获得 2022 年冬奥会的承办权以来,我国每年都会有很多人参与滑雪运动,"三亿人参与冰雪运动"的目标正在逐步实现,可见我国人民群众都在努力为国争光,他们用实际行动来表现他们对国家和民族的深厚感情,这充分反映了习近平主席体育强国思想的魅力和号召力。

（四）整体性

习近平主席的体育强国思想体系具有完整性和整体性，下面从两个方面来解释这个整体性。

1. "五个一"

（1）一个目标

实现体育强国梦目标，进而实现中国梦目标，前者是后者的基础。

（2）一个主体

主体是一支优秀的体育工作队伍。这支队伍要具备的条件是有敬业精神、进取精神，能够廉洁办公，一心为民，有组织有纪律，责任心强。

（3）一个中心

人民群众就是这个中心，中国社会是民主社会，国家与社会发展都是为了满足人民的需要，实现人民的愿望，建设体育强国也是为了满足人民群众对健康的需求和对美好生活的愿望。

（4）一个重点

这个重点指的是 2022 年北京—张家口冬奥会。我国要在习近平主席体育强国思想的指导下努力办好这届冬奥会，借此机会将中国的体育实力、综合国力及美好形象展现给全世界。

（5）一个寄托

这个寄托指的是体育精神。在体育强国建设中，要努力促进中华民族体育精神的弘扬，并将中华民族优秀文化、民族品德、民族精神展现给世人。

2. 体育强国建设方案

习近平主席的体育强国思想为我国体育强国建设方案的制订提供了重要指导，该方案具有系统性，主要构成内容如下。

（1）转变"金牌观"观念

赛场上输赢不能只看金牌，更重要的是是否展示自强不息、战胜自我、顽强拼搏的体育精神和民族精神。

（2）各项体育事业协调发展

体育强国不仅是竞技体育强，还要求群众体育、体育产业、体育文化等各方面都强，所以要促进这些体育事业重要组成部分的均衡协调发展。

（3）体育事业的供给侧结构性改革

体育事业供给侧结构性改革的五大任务是去产能、去库存、去杠杆、降成本、补短板。

①去产能

我国体育队伍庞大而不精，内部竞争力弱，国家负担重，工作效率不高，所以要改变这个现状，打造精英队伍，提高工作效率。

②去库存

盲目建设体育场馆设施不仅造成了资源的浪费，也增加了政府的财政负担，因此必须改变这一乱象，提高体育场馆设施的利用率。

③去杠杆

不同地区的体育参与情况有明显的区别，这就导致部分地区体育资源不能满足需求，而部分地区体育资源闲置，对于这个现象，要树立全局观和协同发展理念，促进各地区体育参与率的提升。

④降成本

政府财政支出是体育队伍开支的主要经费来源，政府财政负担较大，应努力开辟其他经费来源渠道来支持体育队伍的工作，根据需要进行民间体育组织的建立，从民间获取资金来维持组织机构的运作。

⑤补短板

对于体育事业发展的短板与弱势部分，要及时纠正与弥补，缩小各地体育发展的差距和体育各领域的发展差距，全面建设体育强国，建设全民参与体育的健康国家。

（4）促进大球发展

我国虽然在很大程度上普及了篮、足、排三项大球运动，但这几项运动的专业水平无法和欧美一些国家媲美，因此我国在继续发挥小球优势的同时也要重点抓大球工作。

（5）体育外交

体育具有交际功能，不仅包括系统内部的交际，还包括外交，体育外交以及由此展开的其他领域的对外交流为我国走向世界奠定了基础。

（五）实践性

从本质上而言，所有的社会生活都是实践性的，这是马克思主义的基本观点。习近平主席的体育强国思想是源于实践而逐步形成与完善起来的，而且最终也是为了对体育建设实践工作的开展提供指导，为实践而服务。

十八大以来,在习近平主席体育强国思想的指导下,各地积极进行体育战略部署,取得了比较可观的成绩,如我国体育人口不断增加,养成体育锻炼习惯的居民越来越多,这些都为体育强国建设奠定了重要的群众基础。而且随着体育人口规模的增加,体育教育、体育健身、体育培训、体育服装、体育用品、体育赛事等各个体育行业的发展也取得了令人瞩目的成就,这些积极的变化都是习近平主席体育强国思想的时效性的重要体现。

总之,用习近平主席的体育强国思想指导中国特色社会主义体育事业建设实践具有重要意义。

（六）前瞻性

习近平主席的体育强国思想从全球宏观视野出发,立足国家与民族的长远发展,深刻阐述了新时代我国该如何进行体育强国建设,重点强调了培育体育文化自信的重要性,从较高的层次规划了我国在社会主义初级阶段发展体育事业的方向。下面从两个方面来理解习近平主席体育强国思想的前瞻性。

1. 关系中华民族的未来

实现中华民族的伟大复目标是中华民族的未来方向。现在我们与这个目标的距离越来越近,而且具备了优越的条件来实现该目标。实现体育强国梦对于实现中国梦和实现民族伟大复兴的目标具有重要意义,其在一定程度上对民族的未来具有决定性影响。

（1）健康的民族

在习近平主席体育强国思想的感染下,中国人民热爱体育,尊重体育,并积极参与体育活动,如果一直保持这个趋势,国民的体质会越来越强,中国社会会越来越小康、健康,中华民族也会是健康的。

（2）有精神的民族

习近平主席强调在体育强国建设中要注重对民族精神与奥运精神的弘扬,习近平主席将民族精神、奥运精神融于自己的体育强国思想中,丰富了体育强国的内涵,振奋了民族气势,传承并弘扬了民族精神,而且强化了时代精神,使中华民族更有精气神,更加朝气蓬勃有活力。

（3）各行业协调发展

习近平主席的体育强国思想强调全面发展各项体育事业,缩小各相关行业的差距,不要出现有明显弱势与短板的行业领域。也就是说,体育行业内部体系中各组成部分要协调发展,这对中华民族的发展进步、伟大复兴以及实现中国梦具有重要的推动作用。

2. 对世界的贡献

习近平主席的体育强国思想回答了关于挖掘与激发竞技体育发展潜力、通过竞技体育带动体育产业、大众体育、体育文化协同发展的问题。习近平主席在自己的体育强国思想中全面阐述了关于促进竞技体育、大众体育以及体育产业协调发展的安排。事实上,体育事业发展不平衡的问题在世界其他国家也存在,习近平主席的体育强国思想对这些问题的解答与安排给面临同样问题的其他国家提供了重要的理论参考。

在世界总人口中,中国人口占到 1/5,中国人民健康水平的提高对于全世界人民健康水平的提高具有重要影响。我国对人民体质健康问题的解决方案能够为其他国家尤其是人口多的国家提供重要借鉴。习近平主席的体育强国思想强调全民健身,强调以人为本,这些理念都对人民体质的改善及健康水平的提高具有重要意义。其他人口大国可以将此作为参考,然后结合具体国情制定具有本国特色的健康战略。

(七)创新性

新时代中国特色社会主义思想中的各个方面无不渗透着创新发展理念,习近平主席的体育强国思想是新时代中国特色社会主义思想的重要内容之一,具有鲜明的创新性特征,具体表现在体育外交战略、体育发展的新规划与举措中。

1. 体育外交

中国历史上最典型的体育外交事件莫过于 20 世纪 70 年代的缓和中美两国关系的"乒乓球外交",它打开了中国体育外交的大门,具有非常重要的象征意义。在我国的国际交流与对外发展中,体育是非常有力的工具。在新时期关于我国与芬兰的国际交流中,习近平主席明确指出,体育交流是促进中芬友好的桥梁。根据习近平主席的指示,我国努力寻求与芬兰及其他国家的体育合作机会,并通过体育合作来促进本国及合作国人民健康水平的提高,通过体育外交为人民健康服务。习近平主席的体育外交思想也为我国举办北京—张家口冬奥会提供了重要指导。如果说 20 世纪 70 年代的乒乓球外交属于政治性质的外交,那么新时期习近平主席提出的体育外交思想则偏于文化性质,这是习近平主席体育强国思想的一个创新之处。

2. 回答了新时代体育强国建设的基本问题

新时代中国特色社会主义建设该如何发展,关于这个问题,在新时代中国特色社会主义思想中给出了答案。具体到体育的发展上,习近平主席的体育强国思想回答了新时代中国特色社会主义体育强国该如何建设的问题。

习近平主席的体育强国思想明确指出要建设以人民群众为中心,体育各个领域全面协调发展,促进全民健康的体育强国,在建设过程中要体现出中国特色,符合中国国情,要注重创新,要满足人民对美好生活的愿望与期盼,要一步步实现中国梦。

三、习近平主席体育强国思想下中国体育事业改革发展的思路

（一）坚定举国发展体制,促进竞技体育与群众体育全面发展

随着我国社会经济的快速发展,人民群众在基本物质需求得到满足之后,在文化层面的需求越来越多。体育产业作为第三产业中的重要组成部分,和人民群众的健康与日常生活密不可分,在新时代迎来了新的发展机遇。弘扬中华体育精神、丰富体育文化与内涵、提高公众关注度、调动全民参与体育活动是今后我国体育事业发展的根本要求,也能促进我国运动健儿在国际赛场取得佳绩。

我国是社会主义国家,社会主义制度的优越性在于集中力量办大事。因此,举国体制的运行在一定程度上保障了我国体育事业的进步与成绩。举国体制不仅充分调动了各个方面的优势资源,保证了优秀运动员的选拔与集中培养,而且通过提升中国竞技体育在国际体坛的地位,广泛宣传了我国积极、健康的体育大国形象,提高了中国的综合实力与国际影响力。从1984年奥运会首金到2008年举办奥运会并取得历史最好成绩,这一切都离不开举国发展的体制。竞技体育的发展无形中带动了全民健身的热潮,特别是一些专业体育项目经过改良而成为广受群众欢迎与喜爱的休闲健身运动,为群众体育的深入开展奠定了坚实的基础。

需要强调的是,随着时代的发展与观念的变革,新时期体育的举国发展体制和计划经济时代的模式不同,它是因时制宜的,在不同历史时期运用举国发展体制必须做好科学的规划与顶层设计,避开举国体制的弊端,不断完善与改进,将专业体育与职业体育更好地结合起来,紧跟时代步伐,与世界接轨,为促进我国体育事业的全面突破,实现体育强国梦不断贡献力量。

（二）树立"文化自信"理念，弘扬中华体育精神

体育文化是我国体育事业的精神图腾，对我国体育事业的发展具有强大的支撑作用、重要的指引作用和强有力的推动作用。虽然我国体育历经坎坷才正式成为奥运大家庭中的一名成员，加入这个大家庭的时间也比较晚，而和体育发达国家相比，我国体育资源并没有优势，但经过无数体育人的艰苦奋斗与努力拼搏，最终成就了今天的中国体育，中国体育健儿在奥运会上取得的优异成绩充分证明了中国体育成功的一面。值得骄傲的是，我国的一些体育项目如乒乓球在世界体坛遥遥领先，处于国际先进水平。所以，我们要树立文化自信理念，保持自信，结合中国国情走出一条具有社会主义特色的体育强国之路。

中国体育精神是中华民族的精神财富，集中表现为"为国争光、无私奉献、科学求实、遵纪守法、团结协作、顽强拼搏"，这些体育精神充分体现了奉献、勇敢、坚强、拼搏等民族精神。[①] 体育精神是我国体育事业发展的灵魂，指引着我国体育强国的建设之路，而且对体育人的工作及我国体育事业的发展起到了重要的鼓励作用、引领作用。

（三）引导体育产业健康发展

作为第三产业重要成员之一的体育产业是否可以做大做强，关键要看如何对其健康与可持续发展进行引导。习近平主席在体育强国思想中明确强调，要将体育强国与中国梦紧紧联系在一起，在大格局视角下看待体育事业的长远发展，促进体育的深化改革，转变发展理念，协调发展竞技体育与大众体育，将竞技体育做强，普及全民健身，协调好二者的关系，然后推动体育产业走向兴盛。习近平主席将体育产业的发展作为实现体育强国梦的一个重要领域，提出要促进体育产业结构的优化创新和体育产业品牌质量的提升。

（四）推进健康中国的理念深入人心

人民健康是实现"中国梦"的重要保证，提高人民群众的健康水平是中国特色社会主义体育发展的出发点与落脚点，习近平主席强调："没有全面健康，就没有全面小康。"《关于加快发展体育产业促进体育消费的

---

① 樊盟.习近平新时代中国特色社会主义体育强国思想分析[J].产业与科技论坛，2019，18（24）：82-83.

若干意见》将全民健身提升到新的高度,2015年党的十八届五中全会提出"健康中国"战略,习近平主席在2016年全国卫生与健康大会上提出"推动全民健身和全民健康深度融合",《"健康中国2030"规划纲要》指出进一步加强健康中国建设。这些都表明国家心系人民健康。

（五）强化体育事业改革创新

当前我国体育事业发展的问题重重,如人民群众对于多元化全民健身的需求与实际的体育服务内容存在矛盾,体育产业发展水平相对较低等,这些因素严重制约了我国体育事业的发展和体育强国建设进程。我们必须直面问题,及时解决主要矛盾,走出一条适合我国国情的体育改革之路。

第二章　体育文化体系及其发展态势剖析

我国有着悠久的传统文化,这些文化的形成与发展对于我国社会各个层面的发展都产生了极为重要的影响。本章就主要阐述我国体育文化体系中的各项内容,并据此研究体育文化的发展态势,并预测出体育文化的发展走向。

第一节　体育文化概述

体育文化属于社会文化的重要内容,其发展对于整个社会的发展具有重要的影响,并且这一影响随着现代社会的发展而不断加大。因此,加强体育文化的研究是非常重要的。本节重点阐述体育文化的基本知识,以帮助人们更加深刻地认识与了解体育文化的内涵。

一、体育文化的概念

（一）体育文化

关于体育文化的概念,很长一段时间以来并没有一个确定的说法。经过一段时期的探讨与研究,才达成了一定的共识。简单来说,体育文化就是一种利用身体锻炼来提高人的生物学与社会学发展的一种文化现象,这一文化现象在人类社会发展的过程中扮演着非常重要的角色,对于现代社会发展的影响越来越大。

体育文化有着深刻的文化内涵,物质文化、制度文化以及精神文化是其重要的三个方面。这三个方面有着非常密切的联系,相互促进、相互发展,研究体育文化的内涵对于体育文化的发展具有非常重要的意义。

（1）体育物质文化:体育物质文化可以说是体育文化的重要基础和载体,在体育运动中,各种体育场馆、体育设施、体育设备、运动服装等都属于体育物质文化方面的内容。

（2）体育制度文化：体育物质文化是指为促进体育文化发展而制定的各种文件和章程，在各种体育制度的保障下，体育文化才能实现健康持续的发展。

（3）体育精神文化：体育精神文化属于人们体育价值观念以及体育心理倾向各方面的综合表现，是体育文化的重要内核。它对于体育文化的发展起着无形的作用，决定着体育文化的发展方向。

以上三个方面都是体育文化的重要组成部分，三者之间的关系非常密切，相互促进，缺一不可。实际上，在现实生活中，一种体育物质产品也涵盖着体育文化的这几个层面，如某学生在运动会上取得了优异的比赛成绩，因此受到一定的表彰，获得了一件运动服。体育的精神文化就表现在颁奖方面，是对学生体育精神的一种肯定；体育物质文化则更为明显，表现为学生获得奖励，奖牌或运动服。以上三个要素构成了体育文化系统，体育文化系统的发展不能脱离了任何一项要素而存在，否则体育文化的发展就成为一句空话。

（二）体育亚文化

在体育文化中还存在着若干体育亚文化，这些体育亚文化可以依据不同的标准又可以划分为不同的内容，如按体育活动的类型划分，可以将体育亚文化分为竞技体育文化、健身体育文化、娱乐体育文化、职业体育文化等；按体育活动的场所划分又可以将体育亚文化分为企业体育文化、学校体育文化、社区体育文化、农村体育文化等内容。本书主要从体育文化中的体育亚文化现象展开具体的研究与分析，涉及的体育亚文化内容主要包括竞技体育、学校体育、群众体育、农村体育等几个方面的文化内容。

二、体育文化的特征

（一）体育文化具有主客体同一性

在体育文化众多的特性中，主客体同一性是一个非常重要的方面。对于参加体育运动的爱好者而言，他们的主要目的在于健身与娱乐，通过参加各种体育活动，不仅提高了人们的身体素质，还促进了心理水平的提升。可以说，体育运动的这种改造人的身心的行为充满了自我超越的色彩。纵观整个体育运动的发展史，高难度的训练给运动员带来了较大的身心的摧残,但这也极大地推动了体育运动不断向前发展,对于运动员个体而言有利有弊,对于整个体育运动的发展而言则是积极的和具有重大作用的。

在体育文化发展的过程中,其对人类社会的发展产生了极为重要的影响,体育文化对社会的影响主要是通过人这一对象来实现的。体育文化的作用对象是人,而人则具有自然与社会两种属性,人们在参加体育活动的过程中体现出人的活动主体与客体的同一性特征,这是体育文化的一个重要特征。

体育文化的形式比较特殊,它主要以身体运动为表现形式,通过参与各种形式的体育运动锻炼,人们的身心能够得到极大的改造与完善,这就是体育文化活动的重要内容。但是,在某些情况下,如果运动不当会给人的身心带来一定的不利影响。如运动员过于追求成绩而采用高强度不合理的训练手段,采用不符合运动员年龄的训练方法等,这些都会严重影响到运动员的运动寿命,甚至是身体健康。因此,运动员要想获得自身更加健康的发展,就需要采取科学的训练手段与方法,同时我们也要将体育文化的发展导向科学合理的轨道上来。体育工作者也要以积极饱满的热情投入体育文化的研究或各项体育事业中,实现自己的人生价值,推动体育文化的进一步发展。

(二)体育文化具有超越性和竞争性

众所周知,体育的来源有很多,其中源于人类的生产劳动是一个重要的比较一致的看法。在体育运动长期的发展过程中,始终存在着竞争与超越,这也是体育运动的一个重要特征之一。

体育运动是以人的身体动作为形式的,因此说体育文化就属于一种身体动作文化,在各种各样的体育比赛中,运动员通过技艺的展示与对抗来获取比赛的胜利,这使得体育运动充满了竞争性。纵观当今体育竞赛的形式,可以将体育比赛竞争分为直接对抗、非直接对抗和不同场比赛三种类型。但是,不论哪一种类型,都体现出体育运动重要的对抗与竞争性特点。

伴随着现代社会的不断发展,体育运动的形式也变得越来越多样化,在各种高科技手段的利用下,体育比赛的竞争也越来越激烈。可以预见,体育文化发展的这一现象将持续不断地进行下去,这主要是由体育文化的内涵与特性决定的。因此,体育文化的超越性与竞争性特征也必将始终存在着。

（三）体育文化具有明显的亲和性

发展到现在,体育运动在人们的日常生活中扮演着越来越重要的角色,人们在休闲之余,不仅会观看各种体育赛事,而且还会主动参与体育运动锻炼,体育已成为人们日常生活的重要内容。之所以如此,这与体育文化的亲和性特征是分不开的。随着时间的不断发展,体育也成为一种全球性的社会文化现象并获得持续不断地往前发展,这与其具有一定的亲和性特征是分不开的。体育文化的亲和性突出表现在,它能有效激发人的灵感,实现社会化的激励、教育等作用,除此之外,体育文化还能促进人的社会价值的实现。由此可见体育文化的重要意义。

人类社会的发展充满了冲突和战争,这是人类社会发展的主旋律。而体育作为一种重要的社会文化现象,在人类战争中曾扮演过"和平使者"的角色。历史上在奥运会举办期间,曾经有过各国家停战的协定。这充分表明体育具有消解人类社会负面和消极因素的重要意义。人们在参加各种体育活动或体育比赛的过程中建立了彼此的友谊,促进了彼此的共同发展,这是体育文化亲和性特征的重要表现。

（四）体育文化具有身体表征性和传承性

身体的表征性与传承性也是体育文化一个非常重要的特征。这一特征在我国民族传统体育文化中就得到了深刻的体现。由于运动方式的不同,人们在运动的过程中会呈现出不同的身体形态。比如游牧民族以骑马为代步工具,在长期的骑马生活中逐渐形成了一种肩部比较松弛的形态,这就是体育运动身体表征性的一种表现。这一身体表征性特征在各种体育运动中都得到了深刻的体现。

身体传承是体育运动发展的一种重要途径,语言传承也同样如此。在各种形式的体育运动中,运动员的各种身体姿态、技巧等就像语言一样起着传承与推动的作用,这是体育文化的一种很重要的交际功能。观众通过观看体育比赛,能从中领悟到许多深刻的东西,这与体育文化的身体表征与传承功能有着极为密切的关系。由此可见,身体的表征性与传承性是体育文化的一个重要特征。这也是体育文化得以传承与发展的重要原因所在。

（五）体育文化具有一定的从属性

体育文化的发展并不是孤立的,而是在发展的过程中与其他因素发生着密切的联系,这些因素主要有政治因素、经济因素、宗教因素、民俗习惯、军事因素等,正是在这些因素的影响下,体育文化才呈现出绚烂多彩的姿态。这也充分说明,体育文化具有社会操作的从属性特征。从属性可以说是体育文化的一个非常重要的特征,人们在研究与推动体育文化发展的过程中,要充分认识到体育文化的这一特征,将这些从属性因素充分考虑在内,这样才能保证体育文化获得健康持续的发展。

三、体育文化的功能

如今体育运动在一个国家国民经济中的地位越来越重要,尤其是一些西方发达国家,体育产业是其国民经济的重要组成。对于体育文化的发展而言也是如此,体育文化整个社会中的地位也伴随着时代的不断发展而越来越高。体育文化的作用也越来越明显,促进人的全面发展成为新时期体育文化的一个重要功用。因此可以说,体育文化以其独特的功能和内涵,在整个人类社会中扮演着越来越重要的角色。发展到现在,体育已逐步渗透进社会的各个领域和角落,正发挥着难以磨灭的作用。

总体来看,在现代社会发展的背景下,体育文化主要呈现出以下几个方面的功能。

（一）教育功能

不同于其他文化现象,体育文化主要是以人体运动为载体的,通过参加各种形式的体育运动,人们的身心得到了全面的发展,这是体育文化的一个重要特色。由此可见,体育文化具有与众不同的教育功能,它属于现代教育的重要内容。通过体育教育,不仅能增强人的体质,掌握运动技能,还能很好地培养人们参加体育运动的兴趣和习惯,促进人们集体主义精神的培养和提高,这非常符合我国社会主义和谐社会建设的要求。

伴随着现代社会的不断发展,无论是体育文化的形式和内容还是体育文化的功能与价值都变得越来越丰富。这是体育文化先进性的一个突出表现。如在人的成长过程中,从最初的坐、爬、站立,到后来的走、跑、跳等;从身体素质的提高到各种运动技能的掌握,体育教育都在其中起着非常重要的作用。可以说,人在成长的过程中,无不与体育教育发生着极为密切的联系,由此可见,体育文化呈现出显著的教育功能。无论是体育文化研究人员还是普通的体育爱好者都应充分认识与了解体育文化的这一功能,通过体育文化的这一功能,人们能实现自身的价值与目标。

（二）调节功能

在现代社会不断发展的背景下,体育文化也逐渐成为社会的主流文化内容之一,体育文化深深渗透进人们生活的各个层面。之所以如此,其中一个重要的原因就在于体育文化具有重要的调节功能,它能对人们的各种行为和习惯具有重要的调节作用。在平时的生活中,人与人之间难免存在着一些分歧和矛盾,而通过体育文化,不同年龄、不同性别、不同阶层,甚至是不同价值观念的人都可以通过体育运动而联系在一起,在参与体育运动锻炼的过程中相互沟通与交流,实现共同发展,在这一交流的过程中,人与人之间是平等的。这就是体育文化调节功能的深刻体现,通过体育文化的这种调节功能,人们的各种不良社会行为能够得到很好的控制,整个人类社会也因此获得健康持续的发展。

（三）凝聚功能

体育文化对人类社会的各个层面产生着极为深远的影响,这一影响也突出体现在它能够将不同价值观念的人凝聚在一起,实现共同发展。因此说,凝聚功能也是体育文化的一个重要功能。体育文化建设的一个目标就是建立一个团结的氛围,谋求更大的发展。体育文化可以将不同区域、不同信仰、不同价值观念的人凝聚在一起,通过相互间的交流与合作,实现共同发展。

伴随着现代体育运动的高速发展,各种类型的运动会或体育赛事大量涌现出来,这为人们提供了多种选择,通过参加各种类型的体育活动,人们增进了彼此间的交流与合作。如足球世界杯、奥运会等大型世界性的体育赛事,将不同国家、不同地区、不同信仰的人集合在一起,朝着共同的目标努力和前进,这对于实现世界的和平与发展具有重要的推动作用。

（四）创新功能

如今整个世界已进入全球一体化发展的时代,在这样的时代背景下,各个国家之间的体育文化交流也越来越频繁和密切,因为只有如此各个国家的体育文化才能获得健康持续的发展。要想实现这一目标,借鉴和参考其他先进的文化是尤为必要的。纵观体育文化的发展历程,正是通过不同国家或地区之间的体育交流与融合才得以持续不断的发展的。

为推动体育文化的进一步发展,还需要不断地创新,创新也是体育文化的一个重要功能。为了实现体育文化的创新,除了加强体育运动本身的发展之外,还要积极主动地吸收与借鉴其他国家或地区的先进文化,加强彼此间的交流与融合,如此才能获得共同发展。

需要注意的是,体育文化的创新并不是一件容易的事情,这主要体现在以下两个方面。

一方面,体育文化的创新能够培养出大量的高素质的体育方面的人才,而通过体育人才的培养,体育文化也得以持续不断的发展。

另一方面,体育文化的创新与发展也能推动社会其他方面的变革,对于整个人类社会的发展起到了不可磨灭的作用。

（五）文化传播功能

体育文化的内涵非常丰富,除了具有突出的健身与娱乐等内涵外,它还具有鲜明的象征性、浓郁的艺术性。正因如此,体育文化才能得更好地传播与发展。体育文化赖以发展的一个重要手段就在于扩展和传承,由此可见,文化传播也是体育文化一个非常重要的功能。体育文化研究者及体育爱好者都应充分认识与理解体育文化的这一重要功能。

体育文化的传播有着极强的扩展性,这主要表现为:体育文化可以在社会各群体和个体之间相互传播,也可以在国家与国家之间、民族和民族之间传播,可以说它有着非常广阔的传播范围。

传承性是体育文化的一个重要功能,我们所探讨的传承性主要是指时间上的传承。体育文化之所以发展到现在而生生不息,其中一个非常重要的原因就在于其具有文化传承的功能。正因如此,各个国家或地区各种形态的体育文化才得以保留,在各个历史时期都获得了一定的发展。

综上所述,体育文化的扩展和传承是体育文化传播功能的两种具体形式,在体育文化发展的过程中,这两种形式是广泛存在的。

四、体育文化对于社会主义和谐社会发展的意义

发展到现在,我国已进入社会主义和谐社会建设的快速发展时期,在这一时期,我们要动员一切可以动员的力量推动我国社会主义的建设与发展,这对于实现中华民族的伟大复兴具有重要的意义。

（一）体育的公平竞争促使社会主义公平观的建立

随着现代社会的不断发展,社会的公平与正义显得越来越重要,这两个主题被人们放在了非常显眼的位置。公平和正义这两个方面在体育比赛中得到了很好的体现。运动员参加体比赛必须要遵守比赛规则,又要遵守一定的道德标准,这样才能体现体育的精神。在这一方面,与社会主义和谐社会发展的要求也是一致的。体育比赛所彰显的这种公平竞争的精神对于社会各行业的发展有着一定的启迪作用,通过参加或观看体育比赛,能帮助人们养成良好的道德风尚。由此可见,体育公平竞争的精神对于社会发展的意义。

竞技体育讲究一定的规则和制度,只有在同样的规则下,双方才能实现公平竞争。我们在发展社会主义市场经济时,也存在着各方面的竞争。社会主义市场经济在追求效率的同时,必须兼顾社会的公平,这样才能建立一种良性互动关系,促进各方利益的协调与发展。在这样的情况下,人们能充分发挥自己的积极性和创造性,从而促进社会的和谐发展。

体育比赛本身就蕴含着公平竞争的特点,任何一名运动员在参加体育比赛的过程中都享有公平竞争的权利,只有在遵守规则的前提下参加比赛,获得的比赛成绩才能受到认可。运动员在参加比赛的过程中,不能做出违背比赛规则的事情,否则就要受到规则的惩罚。比赛规则对于每一名运动员而言都是平等的,在平等的竞争条件下,运动员的努力才会受到认可,体育赛事也才可能获得不断地发展。

总之,运动员参加体育比赛就要遵守既定的比赛规则,只有在遵守规则的前提下获得的比赛成绩才能受到赛事及人们的认可,如果不遵守规则就要受到相应的惩罚。体育比赛中所表现出的公平竞争精神为社会的发展提供了一个良好的规范。人类社会在发展的过程中,要充分借鉴体育比赛的公平竞争的精神,实现社会的和谐发展。

（二）体育精神促使社会充满活力

大量的研究与实践表明,体育运动具有凝聚人、团结人和激励人的重要功能,这些与我国社会主义和谐社会的建设有着异曲同工之妙。体育运动这一文化形式在推动社会各项事业发展方面也发挥着非常重要的作用。这一作用主要体现在以下几个方面。

1.敬业进取的体育精神是激发创造力的源泉

人们无论参加什么样的活动都需要具备敬业进取的精神，要为了既定的目标而努力奋斗。可以说，奋发图强、敬业进取精神是人们不断发展和前进的动力，敬业进取精神同时也是人们的人生态度，只有这样才能不畏艰难和挫折，去勇于争取胜利。在运动场上，运动员的敬业进取精神能感召着广大的观众，激发人们积极进取的精神。

2.团队协作的体育精神塑造人的现代化品格

体育比赛，尤其是那些集体主义比赛项目，注重团队之间的密切配合，因此，体育运动还表现出强烈的团队精神，这也是每个人所必须具备的现代化品格。其实不光是运动员的体育比赛，在平时的运动健身中，如户外活动、拓展训练等也需要人们具备良好的团队意识，通过参加这些体育运动能培养和提高人们团结协作的集体主义精神。

（三）体育文化促进人的全面发展

在事物发展的过程中，人扮演着十分重要的角色，对于一个国家而言，只有这个国家的人获得全面发展了，整个社会才能获得不错的发展。在社会主义和谐社会建设的过程中，人的全面发展是社会和谐的重要基础，只有人获得全面发展了，才能维护社会的和谐与稳定。在当今社会背景下，人的全面发展，其核心内容主要是社会公民综合素质的发展和提高。因此，要想实现中华民族的伟大复兴，就必须要全面提升全体国民的综合素质。

据研究，体育文化对提高国民素质的作用主要体现在以下几个方面。

1.体育文化能为社会营造一个良好的文化环境

（1）体育文化参与构成社会文化环境

体育文化具有非常重要的教育和培养功能。处于社会环境中的人们，受文化环境的熏陶，身心受到一定的制约。而体育以其特有的价值与功能，吸引人们参与到其所营造的环境或氛围之中，促进社会的发展和进步。

（2）改造不健康的心理环境

大量的实践表明，经常参加体育活动锻炼，不仅能有效锻炼体质，还能促进人的心理健康发展，改善不良的心理环境。如随着网络化的发展，人们对网络的依赖性越来越强，尤其是青少年，他们长时间沉溺于网络之中，这已经严重影响到青少年身心健康的发展。而通过各种体育运动项目,能吸引人们积极主动地参与体育锻炼,从而促进身体素质的改善与提高。

2. 体育文化塑造人的精神

如今,体育已成为素质教育的重要内容,受到社会各界人士的广泛关注。与美术、音乐相比,体育往往更能直接改善人的交际能力、培养团队精神。体育文化潜移默化地引导人们提升审美意识与观念,塑造人们良好的精神意志品质。

3. 体育运动是生动的教育素材

伴随着时代的不断发展,体育已成为传播社会价值观,宣扬体育精神的重要载体。如运动员优异的比赛成绩能激发国人的民族自豪感,建立自信心。运动员在赛场上的拼搏精神还能鼓舞着每一个人,帮助人们养成不畏艰难、勇于拼搏的精神。由此可见,体育可以说是一种生动的教育素材,起着重要的教育意义。

（四）体育文化促进人际关系的和谐与完善

大量的实践与事实表明,体育文化还具有促进人际关系和谐与完善的意义,这一意义集中体现在以下几个方面。

1. 体育文化能营造生活情趣

在现代社会发展的背景下,人与人之间的交往比以往具有更多的功利色彩,人们为了追求经济利益,不惜损害彼此的友情,这对于社会的稳定、和谐发展是非常不利的。而要想降低这一方面的负面效应,就需要采取必要的手段和措施营造一个良好的人际关系环境。大量的实践与事实表明,体育在人际沟通、发展心理等方面具有无可比拟的作用。通过参加体育运动锻炼,不同年龄、不同性别、不同阶层的人都能从中获得各方面的满足,在参与运动锻炼的过程中建立和谐的人际关系,这对于社会的和谐稳定发展具有非常重要的意义。

2. 体育文化能优化生活结构

相关研究表明,体育运动能从结构和内容上改造人们的精神文化生活,对于人的发展具有积极的影响和意义。

通过参与各种形式的体育文化活动,人们能建立和谐互动的关系,同时还能有效改善人们的物质与精神世界。如人们通过参加登山、旅行等各种活动能得到极大的心理满足,获得生活的自信,以积极饱满的热情投入日常生活和工作之中。

第二节 体育物质文化

在整个体育文化体系中,体育物质文化是重要的基础,它是指人们以体育为目的或在体育中的活动方式及其物质形态。通常情况下,体育物质文化的呈现形式主要分为以下几种。这几种呈现方式属于体育物质文化的重要内容,在我们的日常生活中都能接触到。

一、体育物质文化的呈现形式

(一)体育活动方式

人们为了生存与发展所从事的各种劳动也属于一定的运动方式,如各种农业和工业的劳动动作等都是人们满足基本生活的活动方式。我们平时所参加的各种体育活动是一种促进身心健康的方式。随着人类社会的不断发展,体育活动方式也越来越多样化,通过参加各种形式的体育活动,人们的精神文化生活得到了极大的满足。在当今社会背景下,我国全民健身运动如火如茶地开展着,在平时的生活中处处可见人们跑步、打篮球、打羽毛球等的身影,除此之外,体育赛事爱好者也变得越来越多,观看体育赛事逐渐成为他们的一种生活习惯,这极大地丰富了体育物质文化的内涵。

(二)体育器材和场地设施

在体育物质文化体系中,体育器材与场地设施等都是非常重要的内容。这是人们参加体育运动的重要载体和基础,缺少了这些内容,人们也就无法参与各种各样的体育活动。

在社会经济水平日益提升的情况下,人们有了多余的金钱和时间参加各种形式的体育活动,通过参与这些体育活动充分满足自身的精神文化需求,在这样的情况下,体育场地、体育器材、体育设施等获得了飞速的发展,这些设施与雨后春笋般涌现出来。

(三)各种体育文化典籍

伴随着人类社会的不断发展,产生了各种各样的文化现象,这些文化内容被各种手段记录和保存下来。如文字、图画、雕刻等都是非常重要的手段,其中,人类的文字产生是人类社会文明进步的重要表现,通过文字,人们得以了解之前的社会的人类社会文化活动与文化现象,文字使人能更加直观地了解历史中所发生的各种事件,了解世界历史的发展进程。

以我国传统武术为例,我国传统武术有着悠久的历史,关于传统武术的文化典籍是非常多的,这对于现当代人了解武术这一运动及文化事物的发展具有重要的意义。

除此之外,各种体育文化典籍还为人与人之间,世代直接经验传承与学习传统体育知识、技能提供了直观参考,从而促使体育运动持续不断的向前发展。

我国体育文化有着悠久的历史,发展至今,关于体育文化的相关史料更是多如牛毛,有专著、论文、图谱,还有史料和地方志,这是我国体育文化研究的珍贵文献,属于体育物质文化的重要内容。

（四）各种思想物化品

在体育物质文化中,除了以上内容外,还存在着一部分由体育文化创造并形成物质的各种思想物化品,如体育制度、竞赛规则、体育歌曲等都属于比较常见的思想物化品,这一类也属于体育物质文化的重要内容。

综上所述,体育物质文化的内涵非常丰富,除了体育场地、体育设施、体育设备等实物外,还包括具有深刻思想内涵的物质成果。一个国家的体育物质文化能在一定程度上反映出体育运动的水平,同时也反映了社会生产力水平,因此加强体育物质文化的建设与发展是非常重要的,无论体育运动如何发展,都应将体育物质文化的建设放在突出的位置。

二、体育物质文化的多种特性

通过对体育物质文化的研究,可以发现体育物质文化具有多种多样的特性,归纳起来主要有以下三种。

（一）形态的物质性

形态的物质性可以说是区分其他体育文化形态的一个重要标志。体育场馆、体育设施、体育设备等这一类比较常见的体育物质文化内容就属于这一层次。这些内容属于物质的而非精神的。我们可以这样说,一个足球运动场,属于体育物质文化的内容,但是足球场也蕴含着某些体育精神,尽管如此足球场仍旧是物质的而不是精神的,关于这一点,无论是体育工作者还是普通的运动喜好者都要理解。

（二）功能的基础性

众所周知,体育文化的内容主要包括物质文化、精神文化和制度文化三个层次的内容,在这些内容的推动下,体育文化才得以形成并获得不断的发展。其中物质文化是体育文化发展的重要基础,没有了物质文化也就没有了精神文化与制度文化,体育文化现象也便无法存在。这就是体育文化功能的基础性的重要体现。这也充分说明了体育物质文化的重要性。

（三）表现的易显性

体育物质文化的内容是普遍存在的,缺少了这一部分内容,体育文化也就无法存在。我们平时所看到的足球场、篮球馆、游泳馆等都是重要的体育物质文化内容,它的表现形式是显而易见的,因此说体育物质文化具有表现的易显性特点。之所以如此,主要是因为体育物质文化与社会生产力要素之间发生着极为密切的关系,而体育物质文化则处于体育文化的最表层,是体育文化得以发展的重要基础。这就是体育文化表现易显性的深刻体现。

第三节　体育制度文化

在体育文化体系中,制度文化也是非常重要的内容。体育制度是体育运动顺利发展的重要保障,二者相互推动与发展。体育制度文化在发展的过程中也呈现出多种形式与特性。

一、体育制度文化的呈现形式

伴随着时代的发展和进步,体育文化的内容和形式也不断完善,在这样的情况下,体育制度文化这一形态也日益发展和完善。发展至今,体育制度文化的内容主要呈现出以下几种形式。

（一）各种体育组织机构

体育运动之中涵盖着各种要素,这些要素相互配合,相互促进,共同推动着体育运动的发展。在整个体育系统中,体育组织机构的作用非常重要,它在一定程度上推动着体育文化的可持续发展。在当今社会背景下,人们要想参加各种社会活动必须要有一定的组织机构,否则就无法进行。在体育活动中也是如此,体育活动属于人类改造自身、促进社会发展的活动,其发展离不开运动竞赛组织、各种官方或民间的体育组织等机构,因此说这些组织机构都属于体育制度文化的重要内容。伴随着体育运动的进一步发展,这些组织机构也越来越完善,其内涵也更加深刻和丰富。

为推动体育事业的不断发展,体育组织机构的建立与完善是非常有必要的。体育工作人员要非常重视这一方面的建设。在建立体育组织机构前,首先要做好充分的调查与准备,要结合当时的社会背景,深入了解某项活动成立组织机构的重要性、必要性及其需求,这样才能设置具有针对性的体育组织机构,这样才能为体育文化的发展提供良好的保障。

（二）人的角色、地位以及各种体育活动的组织形式

人们生活在社会上,出于各方面的需要而扮演着各种各样的角色,这种角色扮演对于一个人的发展而言是十分重要的。在体育运动中,也存在着不同的角色,如比赛裁判、教练员、运动员等角色,其中还存在着各种比赛赛制,这些都属于体育制度文化的重要内容。一名运动员扮演着众多的角色,在比赛场上是运动员,在家庭中则扮演子女、父母等角色,这些角色并不是孤立的,而是在一定的组织下实现功能与作用。与一般的社会角色相比,运动员在比赛场上承担的角色具有更大的自由性和灵活性,如在足球比赛中,门将被红牌罚出场,在换人名额充足的情况下可以换上其他门将,如果没有换人名额则可以由场上其他队员替代,由此可见运动员在比赛场上的角色转换具有很大的自由性。

运动员在比赛场上扮演着多种角色,需要注意的是,这些角色的转换需要把握一定的原则,如技艺不高或号召力不强的运动员难以承担队长的角色。通常情况下,体育比赛制度是固定不变的,但在某些特殊情况下也会因各种客观因素而改变,在这样的情况下,运动员的角色也可能会发生相应的变化。

（三）各种体育原则及体育制度等

在体育文化不断发展的过程中,各种体育组织机构、体育组织制度等扮演着十分重要的角色,正是在这些机构与制度的推动下,体育文化才得以不断发展。这些组织机构、体育原则与体育制度等也属于体育制度文化的重要形式和内容。

伴随着体育运动的不断发展,出现了大量的体育制度和体育组织机构等,如运动训练管理制度、运动竞赛制度等。这些制度能保证体育赛事活动良好的运行。因此,要想保证体育赛事活动的顺利进行,建立一个健全和完善的体育体制是尤为重要的。为促进我国体育文化的发展,我们需要结合时代发展的背景做好体育制度的改革,建立与形成一个健全和完善的体育制度体系,从而为体育文化的发展提供良好的保障。

如今体育运动进入了一个前所未有的快速发展的阶段,体育制度文化的内容也越来越丰富。如奥运会、足球世界杯、田径世锦赛等,这些比赛在世界上的影响力都非常大,了解与熟知这些体育赛事的人也越来越多,这充分表明体育制度文化强大的影响力。

二、体育制度文化的多种特性

通过对体育制度文化的研究发现,体育制度文化主要呈现出以下几个方面的特性。

（一）俗成性

在体育制度文化发展的过程中,有一些制度是在长期的发展中约定俗成的,因此说约定俗成性也是体育制度文化的一个非常重要的特点,这种特点主要是在人民群众中约定俗成的,参加各种体育活动的人群是集体无意识的。我国民族众多,各个民族都有自己的特色体育文化,这些民俗体育就基本呈现出约定俗成的特性。

（二）内化性

体育制度文化的内涵非常丰富,其作用也是十分明显的。在体育文化发展的过程中,某些体育制度文化可以内化深入个人的意识,促使人们产生积极的自觉行为。如在足球比赛中,一方球员受伤倒地,对方将球踢出场地,在受伤队员返回场地后主动将球送回对方。双方运动员的这一表现就充分体现出体育制度文化的内化性特点。

（三）连续性

体育制度文化的内容并不是固定不变的,而是随着时代的发展和变化而不断向前发展的。在发展变化的过程中,其中一些重要的内容会得到不断的传承,如古代奥运会中的一些比赛规则,至今还能见到其中的影子;足球比赛中的越位规则一直沿用至今,对足球比赛产生了极为深远的影响。

（四）时代性

体育文化的内容和内涵都非常丰富,表现在体育制度文化方面也是如此。体育制度文化的层次非常丰富,其中最高层次受政权机构和社会制度的影响最大,在政权机构及社会制度的变更下,这些制度文化也会因此而发生变化。由此可见,体育制度文化体现出重要的阶级性特点,同时它又随着时代的发展而不断发展,呈现出时代性的特点。

第四节　体育精神文化

体育精神文化是人类围绕体育或依托体育而改造主观世界的活动方式及其全部产物。体育精神文化可以说是体育文化的核心,其发展直接决定着体育文化的发展方向。在体育精神文化体系中,民族性格、民族心理、民族情感等都是非常重要的内容。人们通过参加各种类型的体育运动,能从中感受到这些内容的魅力,被体育的魅力所折服。这就是体育精神文化的重要作用。

一、体育精神文化的呈现形式

体育精神文化的内容与呈现形式是多种多样的,通常情况下,主要呈现出以下几种形式。

（一）思想观念及理论体系

人们生活在社会上并不是绝对自由的,在参加各项活动的过程中都会受到一定的约束和限制,同时也会受到一定思想观念的指引,体育学科就是在这样的思想观念指引下形成的。如体育经济学研究体育经济现象及规律;体育史学揭示人类体育运动的发展历程与规律;体育社会学阐释体育与人类社会的各种关系等。以上这些都属于体育精神文化的重要形式和内容,它对于体育文化的发展起着重要的推动作用。

（二）物质内涵和行为准则

体育比赛有着一定的比赛规则,在既定的比赛规则下参与体育运动,才能保证体育赛事活动的顺利进行,这些规则是任何人都应遵循的,不受阶级、种族等因素的影响,如果破坏了既定的比赛规则就要受到一定的"惩罚"。

体育精神文化作为一种身体活动行为,它与体育制度文化和体育物质文化之间有着非常密切的关系。如体育服装、体育选材等都属于这一层次的体育精神文化,三者之间有着非常微妙的关系。如一件运动服装,我们在谈论它的质地、颜色时,主要涉及体育物质文化层面,而谈论体育服装的审美时,涉及的则是体育精神文化。当在谈论穿着这件运动服装进行运动训练时,其外在的运动形式涉及的是体育物质文化;而当探讨训练方式与沟通手段时,涉及的则是体育制度文化。

综上所述,体育文化的三个层面(体育物质文化、体育制度文化、体育精神文化)之间的关系非常复杂,同时又是非常微妙的,某一个层面发生变化都有可能会对其他层面产生一定的影响。因此在处理这几个方面的关系时要重视起来。

（三）各种想法和打算

精神文化是体育文化的内核,在体育文化发展的过程中扮演着十分重要的角色。它对于推动整个体育事业乃至人类的社会都发挥了不可磨灭的作用。但是,它们在改造人的主观世界的过程中有着较大的差异。文学和艺术属于精神文化的重要内容,这些内容源于人类对精神世界的需求,属于意识形态领域的文化,改造着人们的精神与思想观念。而在传统思想观念下,体育文化则不被认为具有精神意识的作用,但随着现代社会的发展,人们对事物的认识更加深刻和透彻,人们逐渐认识到体育文化也同样具有改造人类主观世界的重要作用。因此,体育道德、体育思想等体育精神文化都能通过体育这一形式改造人们的精神世界,进而推动着体育事业的不断向前发展。

（四）体育艺术文化

体育艺术文化是指体育活动中依附的科学、心理、道德规范、科学、哲学、审美观念、文学艺术等思想意识形态的总称。

人类在改造世界的过程中，还存在着精神物化的产物。如体育小说、体育电影等都属于这一类。这一类体育艺术文化属于体育精神文化的重要内容和形式，在体育事业发展的过程中也起到了非常重要的作用。这些内容也属于人们意识形态的集中反映，属于体育精神文化的重要组成部分。如传统武术号召人们修身养性，就属于体育精神文化的具体体现。通过武术这一独具魅力的体育艺术，人们能获得极大的心理享受。

二、体育精神文化的多种特性

体育精神文化有着丰富的内涵，其在发展的过程中也呈现出多种特性。

（一）沟通性

发展到现在，体育文化得到了很好的传承与发展。而体育文化的传承与发展则需要一定的途径，其中笔录书写、语言交流都是非常重要的途径与手段。伴随着现代科学技术的发展和进步，多媒体传播途径利用得也越来越频繁和普及。体育文化在传播的过程中，在很大程度上是传导体育主体精神和意识，这是体育精神文化发挥功用的重要方式之一，同时也体现出重要的沟通性特点。

（二）内视性

伴随着体育运动的不断发展，体育精神文化的内涵也日益丰富。同时人们对体育文化的理解也更加深刻。可以说，人们对体育文化或某种体育现象的评价或者对体育文化的欣赏都构成了体育主体精神的内视领域，这突出体现了体育精神文化的内视性特点。

（三）积累性

在体育文化的各种特性中，积累性也是非常重要的一个方面。体育精神文化的这一特性主要有积极和消极两个方面，积极方面主要是指优秀的体育精神文化的传承推进体育文化的进步，消极方面则是指落后的体育精神文化阻碍体育文化的发展。在整个体育文化发展的长河中,这一积累性的特点非常明显,对于体育工作者而言要十分重视这一方面的特点,加强其研究,促进体育文化的不断发展。

第五节 体育文化的发展现状与走向

一、体育文化的发展现状

发展到现在,体育运动对人类社会产生了非常重要的影响,这一影响渗透进社会的各个领域和方面。体育运动逐步建立和形成了相对完善和丰富的文化体系,成为推动社会发展的重要力量。在当今社会背景下,体育文化呈现出良好的发展态势。下面重点分析一下体育文化的发展现状。

（一）体育产业成为国民经济新的增长点和社会消费热点

伴随着人们生活水平的不断提高,人们的消费观念也得到了极大的转变,消费质量也得以大大提升,在这一情况下,人们的体育需求越来越多样化。发展到现在,体育消费可以说已逐渐成为人们的主要消费形式之一。

伴随着人们体育消费水平的不断提升,体育产业也因此获得了快速的发展,如体育表演、健身娱乐等体育本体产业得到逐步发展,这成为我国国民经济的一个新的增长点,因此体育产业的发展在今后必将受到更加重视。

（二）体育设施建设逐步向社区渗透

伴随着时代的发展,我国城市化水平也越来越高。在城市建设与发展的过程中,社区成为城市的一个重要单位。可以说,社区在城市的发展中扮演着重要的角色。在现代社会不断变革与发展的背景下,以往城市管理的理念发生了一定的变化,管理重心逐渐下移,城市管理职能逐步从市、区政府中分离出来,向街道积聚。

除此之外,在社会主义市场经济体制下,现代企业制度得以建立与发展,以往由政府和企业担负的福利服务性工作更多地由社会来承担,在加上人们拥有了比以往更多的休闲时间,在社区中参加体育锻炼成为一种时尚和潮流,在这样的情况下,体育设施建设也逐步向社区中渗透,以满足社区居民不断发展着的体育需求。

（三）体育逐步成为提高人们生活质量的重要手段

伴随着现代社会的变革与发展,人们的生活方式也悄然发生了一些变化,人们在温饱得到满足的情况下,开始追求生活质量的提高。虽然现代社会高科技的利用给人们带来了诸多便利,但也带来了一系列文明病,如心脏病、高血压等,这严重影响到人们的身心健康。在这样的背景下,体育健身成为人们增强体质、丰富精神文化生活的重要途径和手段,体育运动这一方式在人们的日常生活与发展中扮演着越来越重要的角色,体育逐渐成为提高人们生活质量的重要方式和手段。

（四）群众体育组织程度将会越来越高

发展到现在,群众体育组织形式越来越重要,它逐渐成为人们参与体育活动的重要内容和形式。家庭是社会的细胞,同时也是体育活动最基本的单位,而社区的不断发展也离不开这两个层面。伴随着时代的不断发展,家庭与社区体育组织的结合成为社会体育组织的主流,目前各种群众体育组织涌现出来,对于我国体育事业的发展具有重要的推动作用。

二、体育文化的发展走向

（一）东西方体育文化相互交融与发展

在全球一体化发展的背景下,东西方体育文化之间的融合与交流成为一个重要的发展趋势。

受各种因素的影响,东西方体育文化之间有着明显的差异。东方体育文化发源于黄河、尼罗河、底格里斯河等流域,它具有封闭性、伦理性、民俗性、宗教性等方面的特点。西方现代体育则发源于美利坚等国,这些国家的体育文化主要呈现出鲜明的竞技性、普遍化、个性化等特点。在当今全球一体化发展的背景下,东西方体育文化的融合与发展成为时代发展的需要。

发展到现在,西方竞技体育文化占据着世界的主流,对东方体育的发展产生了重大的影响。如田径、游泳、各种球类项目等在东方发展得非常迅速,成为大多数国家重要的体育项目。另外,西方竞技体育在传入东方世界的过程中,与之相关的平等竞争等思想观念也深深地影响了东方社会。尤其是以奥林匹克主义为主的西方体育观念对东方体育运动的影响最大。如中国武术参考了西方竞技体育的相关规则与竞赛形式,逐渐形成了散手竞技,这是西方竞技体育与我国传统体育融合与发展的一个非常典型的例子。可以想见的是,伴随着全球一体化趋势的加强,东西方体育文化的融合与发展必将更加频繁和紧密。

西方竞技体育的发展对我国的体育文化产生了非常重要的影响,同样我国的体育文化也对他国体育文化产生了一定的影响。如中国传统体育倡导的自然养生观、动静相关论等观念也在一定程度上被他们所接受,促进了彼此间的体育文化的交流与发展。

东西方体育同属于一种社会文化现象,受地域、历史传统、民族风俗等方面的影响,东西方体育文化呈现出明显的差异,但正是这种差异的存在,才促使其获得了相互沟通与发展的动力。目前,大多数学者逐渐意识到东西方体育文化只是特点不同,并没有什么优劣之分。伴随着全球一体化的不断发展,东西方体育文化之间的融合必将更加深入,各个国家的体育文化只有走出去,加强彼此间的交流与合作,才能实现健康持续的发展。

(二)体育文化多元价值与功能的交融与分殊

伴随着体育运动的发展,体育文化的价值与功能也越来越丰富。可以说,在当前时代背景下,体育文化的多元价值与功能会出现交融与分殊的局面。

1.健身、娱乐、交往、养生功能的融合

在当今社会背景下,现代"文明病"频发,深深影响着人们的日常生活。面对这一局面,人们开始更加重视自身身心的发展,体育运动促进身心健康发展的价值得以被人们重新审视。如人们参加高尔夫运动,既是处于人际交往的需要,又是强健身体的需要,可以说体育满足了人们的多种需求,其多元化的价值充分彰显出来。

2.竞技与健身分流

伴随着时代的不断发展,竞技体育开始与健身运动分流,并获得了高度化的发展。要想在竞技体育的道路上取得成绩,必须要经过长期的艰苦训练,正是在这一驱动力下,越来越多的人纷纷投入竞技体育训练之中,在这样的情况下,竞技体育获得了前所未有的发展。

在竞技体育的推动下，人们逐渐认识到体育运动对于身体健康的重要性。他们以追求生命的质量和个人的自由为目的，参与或简单或复杂的运动，来促进自己的身心健康。在这样的情况下，竞技体育与健身锻炼逐渐开始分流，二者都获得了不错的发展。

（三）体育文化运作方式的多样化

随着现代社会的不断发展，人类认识世界的方式和手段越来越多元化，主要包括科学的与哲学的、审美的与艺术的、宗教的与信仰的等多个方面。但不论是哪一种手段和方式，它们不是截然分开的，是一个统一的整体。相信在未来的发展中，体育文化必将更加多元化，其运作方式也更加多样化。

1. 体育与文艺日渐交融

体育运动是关于人体的一项运动，运动员在参加各种比赛中所展示的身体美具有较强的艺术性，由此可见体育与艺术之间的关系非常密切，体育艺术化的趋势主要体现在体育文艺方面。人类社会文化是在不断地分离、融合、再分离、再融合中发展的，体育文艺的出现大大改变了人们的体育价值观，传统的"舞蹈"与"体育"观念逐渐被抛弃，新的"人体文化"诞生，伴随着社会的不断发展，舞蹈与体育逐渐融合成为一种新的社会文化现象。因此说，体育与文艺的交融呈现出越来越明显的趋势。

2. 体育与科技的逐步融合

如今，竞技体育以前所未有的速度发展着，之所以发展得如此迅速，与现代科学技术的推动是分不开的。伴随着科学技术的日益发展，竞技体育与科技的融合必将更加紧密。

（四）体育文化逐步向商业化发展

生产力是推动社会发展的重要力量，伴随着人类社会生产力的逐步发展，整个社会的政治、经济、文化等也获得了进一步的发展。表现在体育运动领域，竞技体育快速发展，整个体育文化也逐步向商业化方向发展。

伴随着体育运动的不断发展，体育文化的影响力也逐步扩大。人们在参加体育运动锻炼的过程中，不仅增强了体质，还提升了自身的审美品格，获得了愉悦的精神享受。另外，在市场经济发展的背景下，体育文化的经济价值、商业价值日益凸显，体育文化开始向着商业化方向发展，这是体育文化的一个发展趋势。

伴随着体育运动的不断发展,大量的体育赛事层出不穷,体育运动开始进入产业化与市场化发展的轨道,在这样的背景下,体育赛事举办方与商业媒体等的合作难免会在利益分配方面出现一定的冲突,由此可见,体育文化不仅仅只有"社会效益",同时也存在着经济利益,体育文化的发展既要注重经济效益,又要注重社会效益,这才是正确的发展战略。而在体育产业市场逐步形成并获得大力发展的背景下,体育文化的商业化发展趋向也越来越明显。

第三章　竞技体育——"体育强国"战略下体育文化发展的"核心"

作为体育亚文化的重要内容,发展至今,竞技体育可谓影响深远,一个国家的竞技体育水平在很大程度上代表着这个国家的体育实力,可以说竞技体育不仅是一个国家重要的体育文化内容,同时也是体育文化发展的核心内容。如今,世界上各个国家都非常重视竞技体育的发展。在"体育强国"战略背景下,我国竞技体育的发展迎来了良好的机遇,同时也存在着极大的挑战。要想进一步推动我国竞技体育的发展就需要紧跟时代发展的潮流,迎难而上,认清我国竞技体育发展的形势,先发展优势项目,以优势项目带动其他弱势项目的发展,这对于我国"体育强国"战略的实现具有重要的意义。本章重点研究与分析"体育强国"战略下我国竞技体育如何健康快速的发展。

第一节　竞技体育概述

一、竞技体育的概念

伴随着体育运动的逐步发展,竞技体育日益占据着世界体育的主流地位,在世界体育运动中扮演着非常重要的角色。发展至今,竞技体育的内容不断丰富和完善,其内涵也越来越深刻,竞技体育深深渗透进社会的各个领域和角落,渗透进人们的日常生活之中,对人类社会的发展产生重要的影响。

关于竞技体育的研究,不同的学者持有不同的看法和见解。

学者李龙和陈中林认为,竞技体育的内涵非常丰富,通过参加竞技体育运动,参与者的身心能够获得良好的发展,同时其世界观、人生观与价值观也能得到很好的培养。除此之外,竞技体育的价值还突出体现在以下几个方面：第一，竞技体育能促进人与自然的和谐发展，实现人与自然的同进步共发展，同时还能促进时间与空间的相互协调；第二，消除利益冲突，促进人际关系的和谐与完善；第三，构建一个良好的国际社会关系，提升本国竞技体育的影响力。①

学者曾志刚和彭勇认为，竞技体育的发展对于人类社会及各个层面的发展都具有重要的意义和作用。竞技体育自身所散发的独有的魅力，对于社会的精神文明建设具有非常大的帮助。竞技体育中还蕴含着深刻的人本主义思想，这也是促使其成为大众文化的重要原因所在。②

学者白晋湘认为，与西方竞技体育相比，我国的民族传统体育主张修身养性，体育运动的竞争性被大大削弱；而西方竞技体育则强调力量、速度，富有刺激性和趣味性，对人们具有较强的吸引力。但是竞技体育并不重视道德方面的教育，导致在运动过程中容易出现一些暴力现象，如在足球比赛中就经常会出现一些暴力冲突局面。③

学者李秀认为，我国民族传统体育主张"中庸""中和""和谐"，这与我国的传统价值观念是相符的，久而久之就形成了一个"养生化"的价值体系。而西方竞技体育则追求力量与素质，追求肌肉美的线条，追求体格的健壮，这与我国的民族传统体育形成了鲜明的对比。④

学者邱江涛和熊焰认为，发展至今，竞技体育已占据世界体育的主流地位，对其他国家的体育文化产生了重大的影响，竞技体育文化已发展成为当今世界的主流文化。⑤

学者张恳和李龙认为，竞技体育追求力量、速度、身体美等的展示，它向世人传播的是一种礼仪文化、健身文化和道德文化，起着一种感化教育的作用。这与西方竞技体育有着明显的差异。⑥

综上所述，与我国的传统体育文化不同，西方竞技体育主要包含了参与竞技的人自身的和谐、人与自然的和谐、人与人的和谐和国际关系的和谐等内容，其价值、意义与现代社会发展更为相符，另外它还主张公平、公

① 李龙，陈中林.现代竞技体育文化的和谐内涵[J].体育学刊，2007（3）：41-44.
② 曾志刚，彭勇[J].竞技体育文化的几点内涵探析，2006（2）：53-55.
③ 白晋湘.论中国民族传统体育文化与西方竞技体育文化的冲突与互补[J].北京体育大学学报，2003（5）：295-296.
④ 李秀.中国传统体育文化与西方竞技体育文化的对比研究[J].职业圈，2007（7）:65-66.
⑤ 邱江涛，熊焰.竞技体育文化特征探析[J].吉林师范大学学报（自然科学版），2004（3）：99-101.
⑥ 张恳，李龙.我国现代竞技体育文化的特征[J].体育学刊，2010（8）：30-32.

正、公平竞争等原则,主张拼搏进取的精神。这对于我国传统体育文化的发展都是很好的启示。

二、竞技体育的特征

伴随着现代社会的不断发展,竞技体育也以前所未有的速度发展着。如今竞技体育的影响可谓深入社会的各个领域和层面,对人们的日常生活产生了非常重要的影响。竞技体育之所以发展得如此迅速,这与其自身具有的鲜明的特征是分不开的。具体而言,竞技体育的特征主要体现在以下几个方面。

（一）多种角色带来的多样性特征

人在社会上扮演着各种不同的角色,在竞技体育领域同样如此。如教练员、运动员、指导员、后勤工作者等都是竞技体育领域几种重要的角色,这些角色在竞技体育的发展中都发挥着非常重要的作用。这些角色之间并不是孤立的,而是存在着相互配合、密切合作的关系,正是在这样的互动与交流之下,竞技体育才获得了健康快速的发展。在竞技体育领域,角色的不同其参与活动的目的也是不同的,如体育赛事爱好者参与体育赛事欣赏的主要目的在于追求精神方面的享受,在于获得心理愉悦感;而体育赛事组织者参与体育赛事活动的主要目的则在于获得一定的经济利益和社会效益,二者角色不同其目的也是不同的。正因如此,竞技体育呈现出显著的多样性特征。

（二）主体不同带来的选择性特征

竞技体育的内容和内涵非常丰富,伴随着时代的不断发展,这一内涵必将更加丰富完善。竞技体育中有不同的主体,不同的主体其选择也是不同的,一般情况下,这一选择主要受各种客观因素的影响,如高尔夫、马术、赛车等运动,对人的技术要求较高,同时还要求人们必须具备雄厚的资金实力,否则就难以参加这几项运动,因此说,普通人很难参加这些运动,只有专业人士才能参与。这就是竞技体育中不同主体所带来的选择性特征。

对于从事竞技体育的专业运动员而言,他们的各种选择具有高度的专门性,这是普通人呈现出鲜明的对比。这些专业的运动员大都具备高超的技术水平,是普通人所不能比的。另外,不同的运动主体参加某一项运动时,其活动方式也是不同的。如篮球运动员参加篮球这一项运动主要是出于职业的需要,注重篮球这一项目的竞技性特征,每天都会参加必要的运动训练,而一般的篮球爱好者参加篮球运动的主要目的在于健身与娱乐,注重篮球这一运动项目的健身性和娱乐性,而对于运动技术及运动成绩则不作过多的要求。由此可见,竞技体育本身具有显著的选择性特征。

(三)体育赛事所带来的规则性特征

规则性也是竞技体育的一个非常显著的特征,如果没有了这一特征,竞技体育就难以获得发展。在各种体育比赛中,都存在着既定的比赛规则,无论是运动员还是赛事组织人员都要遵循既定的规则行事,否则就要受到规则的惩罚。如作为一名羽毛球运动员,首先就要深刻地理解羽毛球的比赛规则,按照既定的比赛规则参与比赛,否则不仅难以获得比赛的胜利,甚至还会被判罚犯规,受到规则的惩罚。

(四)不同主体相互交流产生的互动性特征

发展到现在,体育文化的内容越来越丰富和完善,目前可以说已形成了一个较为完善的体育文化体系。体育文化之所以获得了如此迅速得发展,其中一个非常重要的原因就在于体育文化体系中的各个要素之间的共同互动,正是在这些要素的互动与交流下,体育文化才得以形成与发展。对于竞技体育而言也是如此。

竞技体育中存在着教练员、运动员、观众、后勤工作人员、赛事组织者、电视转播人员等多个主体,这些主体之间并不是孤立的,而是存在着各种互动与交流,正是在这样的情况下,体育赛事活动才得以顺利进行。体育赛事中的每一个主体由于立场不同,难免会存在一定的分歧。如运动员可能会与裁判员发生一定的冲突、运动员与观众也可能会发生一定的分歧与矛盾,这些现象在体育比赛中都是普遍存在的。关于这一方面,体育赛事组织者要实现制定针对性的措施和手段加以应对,保证各项体育赛事活动的顺利进行。

除此之外,有一部分体育项目彼此之间存在着极大的相似性,如乒乓球与网球,篮球与橄榄球等,通过研究发现,这些项目之间也存在着一定的互动性,正是在这些因素的影响与推动下,体育文化才得以持续发展。

（五）竞技体育发展的渐进性特征

伴随着时代的不断发展,竞技体育也以前所未有的速度发展着,如今竞技体育已渗透进社会各个领域,对整个社会产生了重大的影响。竞技体育的发展在一段时期内保持着一定的稳定性,但从长远来看,这一稳定性也存在着一定的变数,主要是它呈现出渐进性向前发展的状态。渐进性可以说是竞技体育文化的一个重要特征。

竞技体育项目非常多,对于一般的体育爱好者而言,他们可以依据自己的喜好自由选择这些体育项目,可供其选择的余地较大。但需要注意的是,这一选择呈现出明显的渐进性特征。运动项目众多,运动者可以根据自己的喜好自由选择运动内容,也就是说运动者的选择余地非常大,但这种选择也受多方面因素的影响,呈现出一定的渐进性特征。对于职业与运动员来讲也是如此。如短距离赛跑、游泳比赛中运动衣的选择会在很大程度上影响运动员的竞技水平和比赛成绩。这些都体现出西方竞技体育的渐进性特征。

（六）不同主体表现出的功利性特征

竞技体育中存在着多个主体,这些主体所从事的各种活动都呈现出明显的功利性特征。如对于运动员而言,如果他们能获得优异的比赛成绩,不仅能获得心理满足感和自豪感,还能获得一定的奖励。可以说,某种程度上而言,运动员的功利性主要表现在自我价值的实现和生存手段的选择两个方面。

在竞技体育中,运动员为追求一定的利益总会表现出一定的功利性,如为获得优异的比赛成绩和丰厚的奖金而努力拼搏,这就是功利性特征的体现。需要注意的是,在竞技体育中,不同的活动主体表现出不同的功利性。如运动员参加体育运动训练主要是提高自己的竞技水平,为取得优异的比赛成绩奠定基础,而一般的运动爱好者参加体育锻炼的主要目的则在于健身锻炼和休闲娱乐,二者所表现出的功利性都是不同的。

不同的运动主体参加同一种运动项目有着不同的功利性,而同一个运动项目有时也会呈现出不同的功利性特征。如南美足球的风格自由奔放,追求个人技术的展现;而欧洲足球则主张纪律性和团队配合性,在这一方面,二者呈现出较为明显的差异,这些都是竞技体育不同功利性特征的深刻体现。

三、竞技体育的价值

（一）竞技体育能培养人们良好的规则意识

俗话说"无规矩不成方圆"，在竞技体育领域，各项体育赛事的举办都要有既定的比赛规则，只有在这些规则的保证下，体育赛事才能顺利的进行，否则就会出现无序和混乱的局面。因此，体育赛事的组织者一定要结合体育比赛的性质制定合理的比赛规则，参与此项赛事的所有人员都要严格遵守这些规则和制度，这样才能保证整个体育赛事活动的顺利开展。

（二）竞技体育能培养人们公平竞争的意识

竞技体育的比赛规则对于每一名运动员而言都是公平的，不存在不公平的做法，在体育赛事制度方面，所有的运动员也都是公平和平等的，如果存在着尺度不一的情况，整项体育赛事活动就难以顺利地进行。由此可见竞赛规则对于体育赛事的重要意义。

在体育赛事中，实现制定的比赛规则对于所有的运动员都是公平的，运动员在比赛中要参与正当的竞争，不能表现出不正当竞争行为，否则不仅会受到赛事组委会的惩罚，甚至还会对个人的前途产生一定的影响。

（三）竞技体育能培养人们强烈的竞争观念

伴随着时代的不断发展，西方竞技体育越来越占据着世界体育的主流地位，这对于我国的民族传统体育形成了强烈的冲击。与我国的民族传统体育相比，竞技体育的竞争性比较强烈，这对于我国社会各个行业的竞争也产生了非常重要的影响。

受历史传统、地域环境、民风民俗等客观因素的影响，长久以来我国人民的个性受到了很大的压抑，人们普遍缺乏竞争意识，在这样的情况下，我国体育文化的发展受到了严重的制约和影响。东西方体育文化之间的差距越来越大。在新的时代背景下，我国体育文化面临着西方竞技体育强烈的挑战，我们在看到这一挑战的同时也应看到我国体育文化发展的潜力，为加强我国体育文化与西方竞技体育文化之间的竞争，我们应充分将竞争意识贯彻进竞技体育的发展之中。

（四）竞技体育能培养人们良好的国际化观念

竞技体育文化的内涵非常丰富，其中一个突出的内涵体现在竞技体育是一门共同的语言，对于所有的参与者而言，它没有国界之分，是人类共有的一种文化形式。人们通过参加运动会的形式参加各项体育比赛，增进了彼此间的沟通与交流，实现了共同发展的目标。因此说，经常参加竞技体育比赛活动能培养人们良好的国际化观念，还能促进世界的和平与发展。

竞技体育非常强调公正、公平的竞争意识，这一国际化的观念对于各个国家都产生了非常重要的影响。通过这一观念，世界各国人民能以积极的心态投入各项事业之中，从而实现健康的发展。这一国际化观念对于我国传统体育文化的发展也产生了重要的影响。在当今"一带一路"倡议下，建立这样的国际化观念对于我国加强与其他国家或地区之间的交流与合作具有非常重要的作用，对于我国体育文化的对外传播与交流也必将产生重大的影响。

（五）竞技体育能培养人们良好的思想道德

在竞技体育比赛中，运动员除了要具备良好的技术素质外，还必须要有良好的心理素质和精神面貌，这一方面是非常重要的。因为良好的精神风貌往往能形成强大的战斗力，在体育比赛中以弱胜强的例子比比皆是，这与其强大的精神意志是分不开的。因此对运动员进行一定的爱国主义教育或者思想道德素质教育是非常有必要的。

在平时的运动训练和竞技体育比赛中，运动员只有具备不屈不挠，团结战斗的集体主义精神，以及为国争光和乐观主义精神才能有利于比赛的发挥，这些精神与道德品质对于社会各个行业而言也具有非常重要的引领与促进作用。

（六）竞技体育能培养人们正确的娱乐思想

受历史传统、地域环境、民风民俗等因素的影响，我国的体育文化历来就比较保守，功利性也比较明显，在这样的情况下，有很多的体育项目都被视为游戏类活动，参加这些活动会受到一定的"歧视"，被认为是"玩物丧志"的表现。长期以来，受此影响，我国体育文化的价值观一直存在着一定的问题。

如今西方竞技体育占据着世界体育的主流,其中有很多项目都是来自于体育游戏,因此这些项目有着很强的娱乐性和趣味性,对人们的吸引力较大,这与我国的传统体育文化形成了鲜明的对比。人们在参加这些体育活动的过程中能获得极大的心理满足感,能放松自己的身心,获得身体和精神上的双重满足感。因此说,竞技体育具有培养人们娱乐思想的重要价值。

第二节　竞技体育发展现状及存在问题分析

通过多年来的努力,我国的竞技体育获得了不错的发展,取得了不错的成绩,尤其是在奥运会、亚运会等世界舞台上展现出雄厚的实力,这说明我国的竞技体育正在一个健康的发展轨道上运行着。但需要注意的是,目前还存在着一些制约我国竞技体育发展的因素,还存在影响其进一步发展的问题。本节就对此展开具体的研究与分析。

一、影响竞技体育发展的因素

影响竞技体育发展的因素有很多,其中政治、经济与科技是最为重要的三个因素。竞技体育工作人员在进行研究时,一定不要忽略了这三个方面。

(一)政治因素

自竞技体育产生之初就与政治发生着密切的联系,其发展是建立在一定的政治与经济基础之上的,缺少了政治与经济因素的扶持,竞技体育也就难以获得发展。无论在任何时期,在任何情况下,竞技体育的发展都会受到一定的政治因素与经济因素的制约。这一点是十分明确的。

目前,竞技体育得到了非常迅速的发展,其在发展的过程中与政治发生着极为密切的联系。过去竞技体育与政治之间发生着密切的联系,在当今社会背景下,这种联系也有增无减。发展到现在,竞技体育已被整个社会所接受,受到世界上各个国家的重视,竞技体育这一现象也被国家政治所青睐和利用,可以说,竞技体育正变得越来越政治社会化。如运动员参加国际性的体育赛事,他代表的不仅仅是自己这一个个体,还代表着一个国家,其取得的成绩与国家发生着密切的联系。运动员良好的竞技体育成绩能受到其他国家或人民的认可,促进国家的世界影响力逐步提升。这就是政治因素与竞技体育之间密切关系的表现。需要注意的是,二者之间的关系是相互的,即政治对竞技体育的发展产生影响,而反过来竞技体育的发展也会在一定程度上影响竞技体育的发展。我国著名的"乒乓外交"就是一个非常典型的例子。

伴随着竞技体育的高度发展,一个国家的竞技体育水平已成为衡量一个国家综合实力的重要因素。在具有广泛影响力的世界大赛上,一个国家的运动员取得了优异的比赛成绩,会激发人们强烈的民族自豪感,激发人们的爱国热情。可以说,竞技体育具有重要的感化育人的价值与功能。发展到现在,一个国家的竞技体育水平如何在一定程度上影响着这个国家的社会影响力和国际地位。

(二)经济因素

经济因素也是影响竞技体育文化发展的一个非常重要的因素,经济因素对竞技体育的影响主要表现在两个方面:一方面竞技体育在发展的过程中可以吸收社会经济促使自身不断发展和完善;另一方面,竞技体育通过自身的巨大价值推动社会经济的不断发展。具体分析如下所述。

1.社会经济为竞技运动的发展提供了必要的设施及条件

以奥运会为例,奥运会历史悠久,规模宏大,在世界上有着广泛的影响力。对于主办城市而言有着巨大的经济压力,只有那些具有非常强大的经济实力的国家或城市才有能力举办奥运会。为举办奥运会,当地政府部门会投入大量的资金用于城市基础设施建设,如果没有强大的经济实力做保障,大量的体育场馆、体育设施等就无法顺利地建设完成,奥运会也就难以顺利地开展。

2.社会经济基础是竞技体育发展的保障

我们还是以奥运会为例,奥运会的发展史可以说是一部经济发展史,其在发展的过程中与社会经济发生着极为密切的联系。现代奥林匹克运动受到了社会经济的影响和制约。实际上,在举办第 1 届现代奥运会时,就面临着很大的经济问题,为筹足举办奥运会的资金,希腊甚至发起了募捐活动,通过各种途径和手段的利用,最后才筹集到了足够的资金,这样奥运会才得到了顺利地开展。由此可见,经济基础对于竞技体育发展的重要性。

3. 竞技体育的结构和手段受到社会经济发展水平的制约

竞技体育的发展在很大程度上受到社会经济水平的制约,这一制约还主要表现在对经济体育的结构与手段产生制约和影响。如一些高水平的田径运动员,通过采用各种高科技的训练手段或先进的设备来辅助训练,从而提升自己的竞技水平,获得优异的比赛成绩,这些高科技手段的运用就需要以强大的经济实力为支撑,如果没有充足的资金实力,是难以办到的。

4. 竞技运动的规模和水平受到社会经济发展水平的制约

竞技体育运动在人类社会发展的过程中扮演着非常重要的角色,其发展能在一定程度上推动人类文明的发展。这是一个重要的规律和事实。经济与竞技体育之间的关系非常密切,二者相互促进,相互推动,竞技体育的发展要以经济为基础,竞技体育的发展则能为社会创造大量的经济价值,促进社会经济水平的提升。

(三)科技因素

科技也是影响竞技体育发展的非常重要的因素之一。如今,各种体育赛事越来越多,人们足不出户就能在家中通过电视、网络等观看到高质量的体育赛事,这就是科技的力量。

伴随着科学技术的进步,大量的高科技产品和设备被广泛用于竞技体育运动训练和比赛之中,这使得竞技体育出现了大众化发展的趋向,大量的体育爱好者纷纷投入体育消费之中,促使竞技体育及体育产业又获得进一步的发展。

在竞技体育中,每一项运动记录的产生,除了运动员的努力拼搏之外,还离不开各种高科技手段的利用,正是由于科技的推动,运动员才创造了一个又一个世界纪录。而竞技体育的发展反过来又促使科学技术不断革新。

综上所述,竞技体育与科技因素之间的联系非常密切,在科技因素的推动下,竞技体育获得了非常迅速的发展。通过各种高科技手段的运用,各个国家的竞技体育水平也突飞猛进,尤其是对于那些发达国家来讲,他们在雄厚的经济实力保障下,各种高科技的训练手段与设备都充分应用于运动员的运动训练之中,极大地提升了运动员的竞技水平。由此可见大力发展社会经济的重要性。

二、竞技体育发展的现状

（一）田径运动发展情况

历来，我国政府部门就比较重视田径运动的发展。在这样的情况下，我国田径运动水平得以迅速提升，在较短的时间里取得了非常优异的比赛成绩。20世纪50年代，郑凤荣打破了女子跳高世界纪录，刷新了世界纪录。20世界80年代，男子跳高运动员朱建华两次打破世界纪录；阎红、徐永久获得竞走比赛的冠军。除此之外，在奥运会比赛中，王军霞（女子长跑）、邢慧娜（女子长跑）、刘翔（110米栏）、陈跃玲（女子10公里竞走）等都获得过奥运会金牌。尤其是刘翔在雅典奥运会上夺得了110米栏冠军，打破了黑人选手在这一项目上的垄断，为中国乃至整个亚洲争了光。陈定在2012年伦敦奥运会竞走比赛中获得金牌，成为继刘翔之后第二个获得奥运会田径比赛项目金牌的中国男子运动员。除此之外，我国田径队在2016年里约奥运会比赛中夺得了2金2银2铜的好成绩，创造了历史佳绩。伴随着我国竞技体育的发展，我国田径运动也拥有着光明的发展前景，相信未来我国必然会涌现出大量的高水平的田径运动人才，从而推动我国田径运动的进一步发展。

（二）体操运动发展情况

1. 艺术体操

与国外相比，我国引进艺术体操的时间较晚，最初的发展与其他国家有着不小的差距。但通过多年来的努力发展，我国艺术体操的竞技水平上升非常快，受到了世界各个国家的关注。在全国体育学院艺术体操比赛得以成功举办之后，艺术体操获得了一定程度的普及和推广。我国在1981年首次组建队伍参加世界比赛。在第3届四大洲艺术体操锦标赛中，我国获得了团体比赛的亚军。而在2001年世界大学生运动会艺术体操锦标赛中我国则荣获集体五人项目金牌，这也是国际大赛中我国首次获得艺术体操项目的金牌，取得了重大的突破。

进入21世纪后，为促进我国艺术体操的发展，我国特意成立了艺术体操队，通过多年的努力发展，在2008年北京奥运会上我国艺术体操获得了集体全能银牌的好成绩。而在之后的2014年艺术体操世界杯上，获得了一金一银的好成绩，取得了历史性的突破。

2. 竞技体操

我国的竞技体操运动发展时间较晚,基础相对而言比较薄弱,但通过多年来的努力发展,我国的竞技体操屡次在世界大赛上取得了优异的比赛成绩,令世人瞩目。尤其是进入20世纪80年代后,我国竞技体操的发展可谓突飞猛进,进入一个快速发展的时期。

在第6届世界杯体操赛上,我国体操王子李宁一人就夺得了6枚金牌,创造了世界体坛的伟大奇迹,让世人充分认识到了中国竞技体育运动的发展水平。1983年,中国体操队在第22届世界锦标赛上获得团体比赛冠军。1984年洛杉矶奥运会上中国体操队又夺得5枚金牌,让世人牢牢记住了中国体操队。

伴随着中国体操的发展,我国也涌现出了大量的体操名将。他们为体操技术的革新与发展做出了突出的贡献。在1985年的国际体操评分规则中,国际体联第一次使用中国人的名字来对新动作进行命名,如"鞍马童非移位""自由体操李月久空翻""双杠李宁大回环""吊环李宁摆上"。2005年,在体操世锦赛女子跳马项目中,中国女子体操运动员程菲获得冠军,这使得我国女子在体操单项世界冠军的空白得到填补,并且国际体联更以其名字的方式,将新的动作命名为——"程菲跳"。中国体操队在2008年北京奥运会中获得了男子团体、女子团体、男子全能、男子自由体操、男子鞍马、男子吊环、男子单杠、男子双杠以及女子高低杠冠军,这也是该届奥运会中中国队获得金牌最多的项目。2012年伦敦奥运会,中国体操队获得了4金3银1铜的良好成绩。2016年里约奥运会中,中国体操队表现稍差人意,近年来我国体操队的成绩呈现出滑坡的趋势,这还需要今后大力发展。

3. 技巧运动

对于我国而言,技巧运动发展的时间并不长,直到1957年才被列为正式比赛项目。中国技巧队于1979年加入国际技巧联合会,并在1993年和1994年连续两届在世界上称霸。发展到现在,技巧运动一直都是中国非奥运会项目的优势项目,为我国体育事业的发展做出了突出贡献。

(三)重竞技运动发展情况

举重一直是我国重竞技运动的重点项目,在世界上具有较大的优势。我国众多的举重运动员屡次打破举重世界纪录,受到世界的瞩目。很长一段时期以来,中国举重队一直居于世界先进水平。

改革开放以来,在第23届奥运会中中国举重队连续获得了4枚金牌,从此迈进了世界先进行列。发展到20世纪90年代中期以后,中国举重队的整体水平获得了更进一步的发展。在2004年雅典奥运会上,中国举重队获得了5枚金牌,成为中国体育代表团主要的夺金点。除此之外,跆拳道和柔道的进步也有目共睹,并取得了不错的成绩。1986年,我国柔道女选手高凤莲夺得了世界女子柔道锦标赛72公斤以上级金牌,取得了历史性的突破。我国运动员庄晓岩、孙福明、袁华、唐琳在1992～2000年的三届奥运会上相继获得柔道冠军,并在此之后实现了三连冠。中国柔道队在2004年的雅典奥运会上,获得了1金1银3铜共5枚奖牌的历史最好成绩。这标志着我国柔道项目进入了一个快速发展的轨道。

在1995年8月,正式成立了中国跆拳道协会。1999年6月,加拿大埃特蒙多举办了世界跆拳道锦标赛,我国女子跆拳道运动员王朔获得女子55公斤级冠军。2000年9月,陈中在第27届悉尼奥运会上,获得了女子67公斤以上级冠军,并在2004年第28届奥运会中成功卫冕,这也是我国第一位获得奥运会跆拳道项目冠军的运动员。除此之外,罗薇还获得了雅典奥运会女子67公斤级的冠军。在2012年第30届伦敦奥运会中,吴静钰获得女子49公斤以下级跆拳道冠军。2016年第31届里约奥运上,赵帅夺得了男子跆拳道奥运金牌,这也是中国男子跆拳道历史上第一枚奥运会金牌,郑姝音夺得了女子67公斤以上级决赛冠军。很长一段时间以来,我国跆拳道水平就一直居于世界前列,相信未来仍将保持这一良好的发展势头。

（四）射击运动发展情况

我国引进射击运动的时间并不长,但在较短的时间内仍旧取得了不错的成绩。1981年,中国参加了在阿根廷举办的世界射击锦标赛,从此拉开了中国射击运动快速发展的序幕。在本届赛事中,巫兰英夺得了女子飞碟项目比赛的冠军,这也是中国射击队的第一个世界冠军。1984年第23届洛杉矶奥运会中,许海峰夺得了男子自选手枪比赛的冠军,让世人开始认识中国射击运动。

1992年第25届奥运会中国队在射击项目中又立新功,获得了2枚金牌、2枚银牌的良好成绩。在飞碟项目比赛中,女射击运动员张山一举挫败世界男选手荣获金牌,在世界体坛中引起了不小的轰动。王义夫连续6次征战奥运会,并在1992年奥运会上获得冠军,并且在1996年和2000年分别在亚特兰大和悉尼奥运会上取得银牌,在2004年雅典奥运会中,再一次获得金牌。在 2008 年第 29 届北京奥运会上,中国射击队为祖国获得了很多荣誉。在 2016 年里约奥运会上,中国射击队获得 1 金 2 银 4 铜的成绩,成绩相比以往有所下滑,还需要今后大力发展。

（五）其他运动项目发展情况

在当今世界体育运动快速发展的背景下,有很多在世界上流行的运动项目在中国普及与推广开来。如滑雪、滑冰、蹦极、登山、越野等各种各样的极限运动得到了一定的发展,受到年轻人的青睐。一些项目还成立了运动队,在国内外各项赛事中也取得了不错的成绩。如我国的花样滑冰、短道速滑和速度滑冰等项目的实力就比较雄厚,屡屡在世界大赛中取得好成绩。这些运动项目的发展极大地丰富与完善了我国的竞技体育文化体系,为人们参加运动锻炼也提供了多种选择。

三、竞技体育存在的问题

竞技体育在发展的过程中,受各种因素的影响,难免会存在各种问题,这是不可避免的。我们需要做的是针对这些问题采取有针对性的措施和手段加以解决,从而促使竞技体育获得更加健康的发展。

目前来看,竞技体育在发展中主要存在以下几个方面的问题。

（一）拜金主义盛行

发展到现在,竞技体育呈现出市场化与商业化发展的趋势,这一趋势不可逆转。在竞技体育高度发展的情况下,体育赛事也越来越多,在体育赛事这一系统下,存在着众多的部门,每一个部门都有自身的利益,为获得利益有些组织或个人会采取一些不正当竞争的手段,这对于竞技体育的发展是非常不利的。如在足球比赛中,存在着一些"假球""黑哨"的情况,在田径等运动中存在着服用兴奋剂的情况,这些对于竞技体育的发展都是十分不利的。除此之外,一些运动员为了获得巨大的经济利益经常从非正常渠道获得经济利益,这是当前竞技体育发展中普遍的一个问题。总之,拜金主义的横行对于竞技体育的健康持续发展会产生不良的影响,今后要加强防范和杜绝。

（二）运动训练理念存在偏差

上面我们已经分析到,竞技体育在当今时代背景下呈现出市场化和商业化发展的趋势。在这样的情况下,很多运动队为了追求最大的经济利益而急于求成,不重视年轻运动员的培养,这对于竞技体育项目的发展是非常不利的。出现这一情况的主要原因在于,一是过于追求比赛成绩,二是过于追求经济利益。这导致运动员的培养理念出现异化现象。有很多的运动队都忽视了年轻运动员的培养与训练,尤其是在运动员的心理、社会适应力等方面存在不少问题,在这样的情况下,年轻运动员在走向社会上普遍适应力较差,难以适应社会的发展。

因此,为促进竞技体育的进一步发展,必须要建立正确的运动员培养理念,摈除那些不适合现代运动发展的培养理念,在运动员培养与发展的过程中要将文化知识的培养与运动技能的培养及其他综合素质的培养结合起来进行,这样才能培养出高质量的体育人才。

（三）政治因素的干扰

竞技体育在发展的过程中还受到一定的政治因素的影响,实际上,在竞技体育运动中,有很多运动项目都会受到政治因素的干涉,这是很难避免的事情。历史上就有很多利用竞技体育运动来改善各国政治关系的例子。[①] 如我国的"乒乓外交"就是在很大程度上缓和了中美两国之间的关系,促使两国恢复了正常的沟通与交流。

利用竞技体育手段可以帮助各个国家建立和缓和彼此间良好的关系,这是竞技体育运动的积极作用。但有时候有些国家为了达到某种政治目的而利用竞技体育制造各种不良事端,这不仅不利于两国关系的发展,还会严重影响到竞技体育的发展。如 1980 年莫斯科奥运会,以美国为首的很多西方国家抵制这一届奥运会,从而达到一定的政治目的。这时竞技体育就成为他们的一种不良手段。

伴随着世界的和平与发展,在当前社会背景下,政治因素对竞技体育的影响随之降低,但也不是不存在。可以想见的是,在未来的发展中,政治因素仍然还会发生作用,对竞技体育的发展产生重要的影响。

---

① 庞建民,林德平等.对竞技体育中异化现象的分析与研究[J].体育文化导刊,2007（1）.

（四）暴力事件频繁发生

竞技体育非常强调身体的对抗，在比赛中竞争都非常激烈，在足球、篮球等比赛中，由于运动员受到对方的身体侵犯难免会出现一些暴力行为，这些暴力行为在现代竞技体育中可以说是比较常见的。近些年来，竞技体育中的暴力冲突事件有所增多，这对于竞技体育的健康发展是十分不利的。

以足球比赛为例，在比赛过程中，运动员为争夺球权，通过利用自己的身体优势来获得主动，这一种情况非常常见也符合比赛规则，但有一些运动员为获得比赛的主动通常会采用犯规的动作来获利，这会给对方运动员造成极大的伤害，理应受到规则的惩罚。

在比赛场上，暴力冲突事件是时有发生的，有些暴力冲突事件甚至会产生极为深远的影响。如在 2012 年埃及东部塞得港举行的一场足球比赛，比赛结束后，两队球迷发生暴力冲突，最终导致 73 人死亡，上百人受伤。2018 年南美解放者杯决赛发生球员斗殴事件，双方都有球员被打伤，导致比赛推迟进行。这些球场暴力事件是普遍存在的，利用引起重视。

（五）过度开发竞技体育资源导致生态环境遭到破坏

伴随着时代的不断发展，竞技体育产业化与市场化的步伐不断加快，为推动竞技体育的进一步发展，国家需要付出大量物力、人力、财力等方面的资源。只有在这些资源的保障下，竞技体育才能获得健康持续的发展。在以上各类资源的挖掘、开发与利用下，难免会对人们生活的自然环境造成一定的破坏。自然环境遭到破坏不仅会给体育赛事的举办城市带来不利影响，对于人们的正常生活也会产生不良影响。2014 年世界杯在巴西举行，有很多的人走上街头示威游行，他们认为世界杯的举办大大浪费了国家资源，对于国家社会经济的发展不利。

总之，竞技体育在发展的过程中难免会遇到一些自然生态环境问题，这些问题的解决需要讲究一定的方式和方法，首先要做好预防机制，体育赛事组织者要实现做好体育赛事的综合评估，评估其对城市等各方面的影响，然后采取必要的应对措施以保证城市环境不被受到破坏。

第三节 "体育强国"与竞技体育的关系辨析

一、竞技体育促进"体育强国"建设

(一)竞技体育通过各种传播手段促进体育强国的建设与发展

发展到现在,竞技体育的影响力越来越大,可谓占据着世界体育运动的主流地位。世界上每一个国家竞技体育在国际级比赛获得冠军,对于本国竞技体育的发展都是最好的宣传。田径运动一直是美国的强项,在现代的奥运会历史里全部田径项目,美国拿到的金牌占 60%,短跑是中国竞技体育的短板,2004 年雅典奥运会刘翔在 110 米栏项目中获得冠军,让世界人民为之瞩目;2008 年奥运会中国包揽乒乓球项目的全部金牌;中国跳水运动员包揽所有跳水项目的冠军,这些都是我国良好的竞技体育名片,每当他国人民提到中国体育时,这些项目都会涌现出来。[1] 以上这些竞技体育项目,我国运动员都取得了非常优异的比赛成绩,通过各种传播手段传播到其他国家或地区,让世人充分认识与了解了中国体育。

伴随着竞技体育事业的不断发展,人们也越来越关注体育运动,近些年来我国举办了大量的体育赛事,人民群众积极投入健身运动中,商业性的竞技体育也开展得如火如荼。通过媒体对竞技体育的传播提升了人们参与体育的心理,对体育的强国之路有很大的提升作用。[2]

(二)竞技体育水平的提升推动体育强国的建设

在竞技体育领域,奥运会是代表性的运动盛会,一个国家的奥运会比赛成绩在很大程度上代表着这个国家的竞技体育水平。我国自从加入奥运大家庭以来,就屡次在历届奥运会上取得了不俗的成绩,令世人为之瞩目。在金牌榜上牢牢占据前三名的位置,尤其是 2008 年北京奥运会上,凭借着东道主之利,我国更是取得了金牌榜第一名的成绩,创造了历史。这每一枚金牌的背后都是中国运动员付出的艰辛与努力,中国人民体育

---

[1] 宁志勇. 竞技体育发展对中国体育强国之路的积极影响探析[J]. 搏击(武术科学), 2015, 12(2): 118-120.

[2] 宁志勇. 竞技体育对中国体育强国之路的重要作用[J]. 贵州体育科技, 2014 (4): 5-7.

事业的发展能够为国争光,让世界更多的人知道中国人、了解中国文化。竞技体育在不知不觉中在国际的舞台上开始传播中国文化,正是这种光辉的荣誉激励着一代又一代的中国青年参加体育项目,忍受着巨大的痛苦和压力进行艰辛的体育训练,经历一次又一次的失败来换取最后的成功,夺得金牌。金牌的光环不仅是荣誉,更加能够显示中国体育的总体水平,由此可见,竞技体育的发展对于体育强国的建设具有重大的推动作用。

二、"体育强国"是竞技体育发展的指导方针和理论基础

早日走进世界"体育强国"的行列可以说是我国全体国民的一个梦想。2014 年 2 月 7 日,习近平总书记在看望索契冬奥会中国体育代表团时,就特别指出"我们每个人的梦想、体育强国梦都与中国梦紧密相连。"从中国社会及体育运动发展的历史来看,中国梦在体育领域的具体反映,就是体育强国梦;实现体育强国是我国全体国民的伟大梦想。竞技体育是"体育强国"建设中的重要内容,而"体育强国"则是竞技体育发展的指导方针和理论基础。

我国有着悠久的历史文明,不仅表现在政治、经济、社会等领域,在体育领域也得到了一定的展现。中国特色体育承载的不仅是运动员的个人荣辱和体育部门的一家兴衰,更多的是人民健康的优劣、国家形象的好坏、民族精神的聚散。因此,在今后竞技体育发展的过程中,我们要充分认识与理解中国梦,彻底理解"体育强国"与竞技体育之间的关系。如果不能深刻理解中国梦,就难以真正认同体育强国梦,难以全面看待中国特色体育,容易采用单纯机械的思维来看待复杂多变的体育实际,狭隘地看待中国特色体育在建设健康中国、实现中国梦中发挥的积极作用。除此之外,体育强国建设,还能为我国提供强大的体育人力资源,为竞技体育的发展指明前进的道路。

第四节 "体育强国"战略下我国竞技体育的发展策略

一、推动竞技体育发展从要素驱动向创新驱动转变

竞技体育的发展永远是不断向前的,在当今时代背景下,为推动竞技体育的发展,就必须要加强创新,实现发展动力由要素驱动向创新驱动转

变。这一创新主要包括两个方面的内容：一方面是科技创新，利用高科技手段促进竞技体育的发展；另一方面是制度创新，制定合理的制度消除以往的体制性障碍，实现竞技体育资源配置效率。具体而言，为推动竞技体育由要素驱动向创新驱动转变可以做到以下几点。

第一，当前我国竞技体育存在着科技创新驱动不足的问题，为解决这一问题，需要我们重新审视与剖析竞技体育的内涵、发展规律以及市场经济发展的特征及规律等，从而实现发展方式的转变。

第二，引进与革新新的训练理念，借鉴西方体育强国先进的训练手段和方法，不断提高运动训练的质量，不断提高运动员的竞技水平。

第三，充分利用人工智能、大数据、生物技术等现代科技，促进运动训练的智能化发展。

第四，加强体育运动训练的科研投入，建设一个"科、训、医、教"的一体化训练基地，为运动员训练提供良好的基础。

第五，加强体育体制的创新方面，加强竞技体育管理体制的改革，实现各方面体育资源的有效整合。

第六，调整与优化运动项目结构，优先发展那些具有核心竞争力的项目，如田径、游泳等，注重发展集体类项目，提高球类项目的职业化水平，推动竞技体育的全面均衡发展。

第七，建立一支高素质的训练管理团队，创新与完善训练组织形式，实现组织创新，进一步促进训练水平的提升。

第八，充分利用各种优势资源构建一个多学科、跨国、跨部门的体育科技协同创新平台，争取创造出具有世界影响力的科研成果，充分展示我国竞技体育发展的先进性。

二、构建举国体制与市场机制相结合的新体制

我国加入奥运大家庭的时间较短，在这样的现实背景下，为了尽快地缩小与西方体育强国之间的差距，我国制定与实施了举国体制，这一体育体制在很长一段时期内都发挥了极为重要的作用，我国竞技体育水平获得了突飞猛进的增长，尤其是在奥运会上，我国取得的成绩有目共睹。举国体制的核心在于坚持竞技体育的发展为社会主义政治服务、为党的基本路线服务和国家的中心工作服务，坚持公共财政对竞技体育的投入，政府在其中起主导作用，这一体制无疑是在那个时期是非常成功的。

需要注意的是，伴随着时代的发展和进步，这一举国体制已很难适应时代发展的要求，尤其是在当今市场经济高度发展的背景下，举国体制存

在着明显的弊端,对我国竞技体育的发展产生了一定程度的制约和影响。因此,我们今后在不断完善举国体制的同时还要加强市场机制的结合,力争创新出一个有利于我国竞技体育进一步发展的新体制。

革新旧体制,创造新体制,我们可以从以下两方面进行:一方面,要采取各种手段和措施扩大竞技体育市场的规模,充分发挥市场经济的调控作用;另一方面,要充分利用市场机制的作用进一步提高公共资源的配置效率,合理利用各方面的资源。

总之,通过"举国体制"和"市场机制"的有机结合,既能有效发挥政府的宏观调控作用,又能利用市场经济杠杆的作用,从而形成竞技体育发展的强大的合力,推动竞技体育的进一步发展。

三、加强我国竞技体育与国际社会的协调发展

在当前全球一体化发展的背景下,竞技体育的内容也越来越丰富,呈现出多元化的发展态势。在这样的时代背景下,要想提升我国竞技体育的国际影响力,就需要以"体育强国"为目标,积极顺应"一带一路"倡议,加强我国体育与其他国家或地区的体育文化的交流与合作,走出一条国际化发展的道路。

通过一段时期的努力,我国的竞技体育获得了长足的发展,形成了自身的一些优势项目,如乒乓球、羽毛球、跳水和举重等,这些项目的发展对于其他落后项目的发展具有一定的推动作用。在与其他国家交流的过程中,我们可以持有一定的责任心积极扶持落后国家和地区的发展,大力宣传与推广这些项目。当然我国也存在着不少落后的或发展中的体育项目,如足球、网球等项目,这些体育项目在进行自身发展的同时还要积极汲取国外的先进经验,革新旧有的发展理念,引进先进的训练手段和方法,逐步提高这些项目的竞技水平。这样就有利于形成一个我国与国际社会协调发展的态势,这对于我国竞技体育的发展是十分有利的,有利于我国早日实现"体育强国"的梦想。

四、全面推进体育竞赛体制改革

伴随着竞技体育的高度发展,出现了越来越多的高水平体育赛事,这些体育赛事的举办对于竞技体育的发展具有极大的推动作用。体育竞赛可以说是竞技体育的核心要素,通过这些体育赛事的举办,竞技体育才能与社会需要相契合,才能让竞技体育获得不断地发展。在新的时代背景

下,为进一步推动竞技体育的发展,加强体育竞赛体制的改革与创新是一个非常重要的途径和手段。

在竞技体育发展的今天,全面推进体育竞赛体制的改革需要着重从以下几个方面进行。

第一,各城市要积极申办各种类型的体育赛事,创建具有世界影响力的品牌赛事,如"一带一路"沿线精品体育赛事,这能进一步提升我国竞技体育的实力。

第二,加强现有体育赛事的分类改革,这主要集中在综合性运动会及单项体育赛事两个方面。前者主要以发挥竞赛的综合价值为主,要不断提升赛事举办方的组织与管理水平。后者主要以检验和提高运动员的竞技水平为目标,促进竞技体育人才运动水平的提升,构建一个完善的单项体育赛事体制。

第三,在职业联赛建设方面,要建立从草根到顶层的多层次、多结构、多区域联赛体系,以职业联赛带动其他运动项目的发展。

第四,建立与形成完善的联赛管理体制,协调处理好运动员及其各方面的关系,实现互相促进、共同发展的目标。

五、改革竞技体育后备人才培养体制

在"体育强国"战略下,为进一步推动我国竞技体育的发展,不要忽略了竞技体育后备人才的培养,要进一步改革后备人才培养的体制。当前我国竞技体育后备人才培养还存在着不少问题,加强竞技体育后备人才体制的改革可以从以下几个方面进行。

第一,从青少年体育运动的发展出发,加强学校体育教育的改革,建立科学合理的三级训练网络,促进学校与社会力量的结合,走多元参与、协同发展的道路。

第二,学校体育教育要打破竞技体育与群众体育的壁垒,实现课内外体育教育与训练的结合。

第三,制定实施青少年运动技能等级评定标准,并将其纳入学生综合素质评价体系。

第四,鼓励学校定期开展各种形式的业余运动训练,形成小学、初中、高中一条龙的竞技体育后备人才培养模式,打造一个完善的体育后备人才库。

第五,可以重点发展奥运优势项目和田径游泳基础大项,以此带动其他运动项目的发展。

第六，积极挖掘社会资源参与竞技体育后备人才培养工作，走政府宏观调控与市场相结合的道路，推动青少年体育工作的顺利进行。

六、走竞技体育的全面协调、科学化发展之路

在"体育强国"战略下，影响我国竞技体育发展的要素有很多，作为竞技体育的管理者要充分遵循全面协调、科学发展的原则大力推动我国竞技体育的发展。在发展的过程中，管理者要充分认清竞技体育在我国整个体育事业中的地位，处理好竞技体育与其他体育事业之间的关系，实现相互促进，相互发展的目标。[①]

要想实现体育强国的战略目标，加强竞技体育的发展是势在必行的，同时也离不开与其他体育事业的全面、协调发展。同时还要加强竞技体育与国家重大方针政策、经济建设、政治建设、精神文明建设等各个方面的协调发展；在巩固和发展竞技体育运动的同时，还要注重大众体育、学校体育、社区体育的共同发展；在社会发展水平低，经济条件落后的地区，要帮助人们充分认识与理解竞技体育的内涵与价值，促进竞技体育在这些地区的传播与发展。只有实现竞技体育与其他体育事业的全面协调发展，才有利于我国的"体育强国"建设，这反过来又能推动竞技体育的进一步发展。

---

① 肖焕禹，陈玉忠.奥林匹克运动与人类社会和谐发展的新理念探析——解读北京奥运三大主题 [J].上海体育学院学报，2003（1）.

第四章 群众体育——"体育强国"战略下体育文化发展的根本

作为体育亚文化的重要内容,群众体育在我国体育文化事业发展的过程中扮演着十分重要的角色,我国目前之所以还不能称为"体育强国",其中一个非常重要的原因就在于我国群众体育的基础较差,还远远达不到体育强国的标准和水平,从某种程度上来说,群众体育就是体育文化发展的根本,也是"体育强国"战略建设中非常重要的内容。群众体育是我国实现体育强国战略目标的必由之路和全面建设小康社会的重要组成部分。随着科技的发展和人民群众生活条件的改善,关乎人民健康幸福的群众体育取得了显著的发展成果,但同时也存在不少问题,制约了体育强国建设。当前了解我国群众体育的发展现状与问题,并集中力量解决主要问题和主要矛盾,对推动我国群众体育发展及体育强国建设具有重要意义。本章主要就"体育强国"战略下我国群众体育的发展进行研究,首先阐释群众体育的基本理论知识;其次分析我国群众体育的发展现状,揭示当前存在的问题;再次对体育强国与群众体育的关系展开辨析;最后提出促进我国群众体育发展的策略和建议。

第一节 群众体育概述

一、群众体育的概念

（一）广义层面的群众体育概念

广义的群众体育是指与竞技体育并存的现代体育的重要组成部分,其本质指的是广大群众在余暇时间中广泛开展的,以身体运动作为主要手段,以提高健康水平、进行娱乐消遣为主要目的,在身心健全发展的阶梯上不断超越自我,促进社会物质、精神文明进步的大规模社会实践。[1]

（二）狭义层面的群众体育概念

狭义的群众体育也称"社会体育""大众体育",是指厂矿、企业、事业、机关的职工,以及城镇居民与农民,为达到健身、健心、健美、娱乐、医疗等目的而进行的内容丰富、形式多样的身体锻炼活动。

随着社会经济文化的发展,群众体育涉及的领域越来越广泛,形成了专门的研究范畴。群众体育内容丰富,见表4-1。

表4-1　群众体育的分类与内容 [2]

分类依据	主要内容
区域特征	城市体育
	乡镇体育
	农村体育
年龄	婴幼儿体育
	儿童少年体育
	青年体育
	中年体育
	老年体育
性别	女子体育
	男子体育
职业	职工体育
	农民体育
	军人体育
健康状况	正常人体育
	残障人体育
活动场所	家庭体育
	社区体育
	企业体育

[1]　梁平,赵春莲.重庆市群众体育发展现状分析[J].攀枝花学院学报,2010,27(1):77-80.
[2]　王智慧.体育强国的评价体系与实现路径研究[D].北京:北京体育大学,2014.

二、群众体育的基本特征

（一）活动目的的健身性

群众体育的健身性特征是指人们通过参加群众体育中的各类活动，均能从中获得对身体健康有益的效果的特性。在众多群众体育的特征中，健身性可谓是一项最为基础的特征，正是鉴于健身性的存在，才使得人们对群众体育活动更加青睐和积极参与。

当前，健康观念和健身意识已经成为社会主导意识，人们甚至开始在体育健身领域消费，且消费数额正呈现出逐年增长的趋势。在良好局面下，群众体育运动的健身性就应更加发挥出它的价值，以期满足对各种健康方面有所需求的人们。

（二）体育活动的文化性

体育本身就是一种社会文化活动，它兼具多种元素和功能。现如今的许多体育运动最初是由一种游戏或祭祀仪式演变而来的，在此后的长期发展和演变中逐渐形成了附着在体育运动之上的体育文化。实际上，以社会文化行为出现的大众健身运动似一股巨大的文化潮流进入人们的生活方式，成为如今人们的一种社会需求。在现代，随着生产方式的改变，人们从过去过多的体力劳动转变为了脑力劳动，长此以往就受到了"文明病"的困扰，再加上人们越发关注民俗民族传统体育运动，以及精神文明建设的需要，种种这些都要求体育运动要成为现代人生活中的必需品。群众体育中的诸多项目都具有丰富的文化内涵，它们品位高雅甚至引领着运动潮流，有的则对场地和气氛有很高的要求，有的凝聚着深厚的历史积淀，有的已与音乐和舞蹈融为一体。所有这些富含文化的运动项目都能给运动者带来一种高尚的文化享受。

（三）活动性质的公益性

群众体育在开展之初就确定了其公益性的本质属性，就决定了这项活动是属于社会公众的，要符合公众的利益。不过，群众体育事业作为一项公益性的社会事业，在社会主义市场经济体制下的发展，并没有要求国家大包大揽，完全成为一种福利事业，它所要求的是政府、社会、公民各自承担相应的责任，如在一些活动中需要人们支付一定的费用，但这也仅仅只能算作获得更好活动体验的行为,并没有彻底改变群众体育公益性特征的本质。

（四）活动内容的娱乐性与多样性

群众体育活动轻松、愉快、活泼、新颖,具有娱乐性,能满足人们的兴趣爱好。此外,群众体育的活动项目,以广大群众喜闻乐见为前提,内容丰富多彩,目前流行的群众体育项目有步行、健身操、保龄球、交谊舞、高山滑雪、攀岩、滑板、滑翔、漂流、冲浪、徒步穿越、山地自行车等。户外运动的热潮在很多国家都居高不下,它强调利用森林、山地、湖泊、水库、海滩等自然资源开展体育活动。此外,我国目前已整理出大量的少数民族传统体育项目和汉族体育项目,这些体育项目丰富了群众体育的内容。群众体育活动形式不拘一格,不仅包括体育教学、体育训练、体育竞赛、体育表演,而且包括体育锻炼、体育娱乐、体育旅游、体育观赏、体育探险等多种形式。

（五）服务对象、投资主体与工作方式的多元性和灵活性

群众体育具有多元性和灵活性的特征。这两种特征的表现主要有三点,即服务对象、投资主体和工作方式。具体分析如下。

（1）服务对象的多元性和灵活性。群众体育所针对的对象为全体社会公民,那么就包含了各类人群,如以年龄划分的话包含少儿、青年、中年、老年,还可以以不同阶层、不同文化程度等来划分人群。为此,群众体育就需要在广泛开展的同时兼具对不同对象的服务。

（2）投资主体的多元性和灵活性。群众体育计划的实施需要一定经费的投入。《群众体育计划纲要》提出:"体育部门要改善资金支出结构,逐步增加群众体育事业费用在预算中的支出比重,鼓励企事业单位、社会团体、个人资助体育健身活动。"这说明了投资主体并非是政府一家,还需要社会经济团体、社会筹集和个人投入的辅助。随着我国社会经济的快速发展,投资主体的多元性和吸收资金的方式也愈加灵活。

（3）工作方式的多元性和灵活性。群众体育的开展呈现出火热的氛围,而组织相关活动的单位除了政府以外,还有众多的社会体育组织、单位体育组织,甚至是社区体育组织等,由此就形成了一个多元的工作体系。人们在参与群众体育之时,可以根据自身的实际情况和活动需求,选择任意一个组织的活动。可以说,每个体育活动组织都有各自固定的消费群体。

三、群众体育的开展形式

群众体育作为我国体育事业的重要组成部分,活动开展的形式主要有以下几种。

（一）体育保健运动

开展体育保健运动的目的是提高人民的健康水平,延年益寿。这种活动具有明显的个体选择性。一般依据个人身体状况和兴趣爱好进行针对性安排。既可以选择我国传统的导引养生术,又可以采用西方的有氧锻炼法。按运动处方进行锻炼是开展保健运动的重点。

（二）体育娱乐活动

体育娱乐活动指的是以寻求乐趣、消遣余暇为目的的体育活动,开展这类活动通常需要具备一定的场地设备条件。

（三）体育竞技比赛

体育竞技比赛是激励群众参与体育锻炼,推动群众体育发展的有效途径。在组织群众性的竞技体育比赛时,应从实际需要出发制定规章制度和比赛规则,为群众参加比赛提供机会,提高群众参赛的积极性,同时还要控制好比赛中的运动负荷和比赛强度,保障参赛群众的安全。

（四）体育旅行活动

旅行活动以离开居住地为主要特征,它能使人们体验日常生活中难得的刺激,经受生理、心理负荷变化的考验,使旅游者在享受运动健身、休闲娱乐的同时增长阅历,陶冶情操。

第二节 群众体育发展现状及存在问题分析

一、我国群众体育的发展现状

（一）宏观层面的发展现状

1. 经济体制改革促进群众体育发展

改革开放前，我国社会经济体制以计划经济为主，计划经济体制下，国家支配甚至垄断社会经济资源，通过发挥绝对的支配功能来推动生产力提高和社会经济发展，这一时期国家不太重视群众体育的发展，群众体育发展速度与整体水平落后于竞技体育。改革开放以来，我国经济体制实现了重大转型，以市场经济为主。在新的经济体制下，国家主要发挥宏观调控功能，社会协同与人民参与是新体制的重要特征。市场经济的发展与成熟有力提高了社会生产力，提升了人民生活水平，也对群众体育的发展起到了重要的促进作用。

2. 相关法律政策越来越完善

群众体育得到政府部门的高度重视后，相关法律政策逐渐出台，制度保障体系越来越完善。下面简单提出几项重要的政策文件。

1979 年，《关于加强群体工作的意见》的出台为农村体育活动的开展提供了政策指导。

1990 年，《学校体育工作条例》的颁布使得学校体育工作进一步加强，学校体育基础差的问题得到改善。

1995 年，我国群众体育迈入新的发展阶段，主要标志是《全面健身计划纲要》的颁布，《体育法》也是在这一年颁布的。

2010 年，《关于加快体育产业的指导意见》的出台推动了我国体育产业的大力发展，这对于促进群众多元化体育需求的满足、促进社会体育设施的完善具有重要意义。

近些年，我国出台了很多对群众体育发展有重要指导意义的政策性文件，如《"健康中国 2030"规划纲要》《关于加快发展健身休闲产业指导意见》《社会体育指导员技术等级制度》等，不断完善的群众体育政策法规为群众体育的有序发展提供了重要的保障。此外，"精准扶贫"政策的出台还改善了区域群众体育发展失衡的现状。

（二）中观层面的发展现状

1. 公共体育场地设施增多

群众体育活动的开展离不开场地设施这个重要的物质基础。在群众体育发展初期，人们普遍都是在自家院子、社区空地、马路上等简单的几个场地进行体育锻炼，这些锻炼场所也未配备完善的体育设施，总之公共体育设施服务情况不佳。我国开启全民健身计划以来，群众体育的发展迎来了重要机遇，政府有关部门增加了对公共体育场地设施建设的投入力度，群众有了更多的活动场所，而且俱乐部、体育馆、健身房、公园、广场等活动场所配备了运动器材，以满足大众锻炼之需。此外，一些学校的体育场馆在节假日无偿对外开放，为群众体育活动的开展提供了便利。

总之，不断完善的公共体育场地设施解决了人民群众参与体育锻炼的基本问题，满足了大众的基本体育需求，这对于全民健身计划的进一步开展及群众体育的普及起到了重要推动作用。

2. 社会体育指导员增多

社会体育指导员对我国体育事业尤其是群众体育事业的发展起到了举足轻重的作用。随着政府与社会对群众体育关注度的提升，社会体育指导员培养问题也受到重视，近些年我国社会体育指导员人数大幅增长，指导员队伍日益壮大，有效提高了群众体育活动的开展水平。

3. 体育消费水平提升

我国人民群众的收入水平自改革开放以来不断提升，在居民日常消费中，体育消费占有一定的比重。群众的体育消费主要是购买实体产品，如购买运动器材、体育书刊资料、运动服装、健身卡、门票等。图4-1显示，2014—2018年我国人均体育消费呈现出不断增长的趋势。

人民群众体育消费水平提升反映出人民群众收入增加、生活水平提高、健身意识增强、消费理念更新等积极的变化，不断提升的体育消费水平对体育产业的发展起到了重要推动作用。

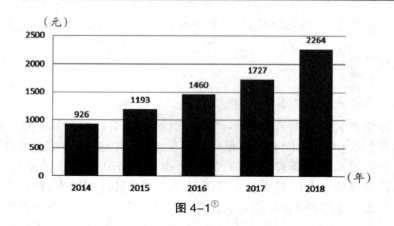

图 4-1[①]

（三）微观层面的发展现状

1. 群众体育参与人数增加

人民群众不论多大年龄、什么职业、文化程度高低，都可以参与体育锻炼。群众体育对参与者的年龄、职业、文化程度是没有限制的。正因如此，群众体育吸引了大量人群参与。群众体育的分类形式多样，不同类型的群众体育吸引了特定人群参与。例如，在老龄化趋势日趋严重的今天，政府与社会普遍关注老年人的身心健康，老年人体育的发展也受到重视。随着女性角色的转变与女性地位的提升，妇女体育也受到很多女性群体的关注。现在，新农民工人口十分庞大，针对这类群体的体育也很受重视，此外，学校体育、残疾人体育也受到了特定群体的关注，吸引了大量学生与残障人士的参与。总之，社会上各个群体都能找到适合自己的体育项目和体育锻炼方式，群众体育的人口规模明显增加。

2. 群众体育参与项目增多

在群众体育的初级发展阶段，因为生活水平有限，科学技术还不够先进，人们的体育活动大都比较简单，主要参与散步、跑步、广播体操等对场地设施没有太高要求的传统项目。后来，国家越来越重视群众体育，通过出台一系列政策、增加财政投入力度来支持群众体育发展。这时人民群众的体育锻炼意识也不断增强，对体育锻炼有了更多的需求，跑步、散步这些简单的活动已难以使人们的需求得到满足，因而人们选择参与越

---

① 赵新辉，尚香转.我国群众体育发展现状及对策研究[J].辽宁体育科技，2020，42（2）：24-28.

来越丰富的体育运动项目。近年来人们参与度高的体育项目有广场舞、登山、器械健身、球类运动、马拉松、攀岩、水上项目等。现在我国积极筹备 2020 年北京—张家口冬奥会，在冬奥会背景下人们也积极参与冰雪项目。丰富多彩的体育项目充实了人们的文化生活，促进了人们精神生活水平的提升。

3. 群众体育参与形式多样

随着大众体育锻炼意识的增强和生活水平的改善，越来越多的人已经不满足于以单一封闭的活动形式参与体育锻炼，丰富多样的活动形式受到了人们的追捧。在全民健身开展得如火如荼的今天，"15min 健身圈"逐渐出现在很多城市，以健康和体育为主题的公园也陆续建设，公园中不仅有运动健身功能区，还有健康知识传播功能区，人们在公园里不仅可以参加健身锻炼，还能学习健康知识与技能，这些知识与技能对人们科学健身具有重要指导意义。健康主题公园的建设使群众体育更加贴近人们的生活，使体育锻炼成为人们生活中的一个重要组成部分。

近些年还出现了很多新的体育活动参与方式，如兴趣型、家庭型、社区型、广场型等，下面作简要分析。

（1）兴趣型

人们利用互联网平台发现体育爱好者或运动达人交流圈，然后进一步发现与自己有相同体育兴趣爱好的小圈子，与志趣相投者组成"朋友圈"，一起参加共同感兴趣的体育活动，这样不仅能锻炼身体，娱乐放松，还能交新朋友。

（2）家庭型

家长利用节假日时间与孩子参与亲子体育活动，既能提高健康水平，又能与孩子沟通交流，增进情感。

（3）社区型

社区居民利用社区公共体育运动场所和健身器材进行锻炼，并组织一些社区体育活动，以营造良好的社区运动氛围，同时巩固邻里关系。

（4）广场型

广场是当今社会非常重要的一个公共体育活动场所，广场舞就是在广场上流行起来的一个健身项目。广场上有共同兴趣爱好的人聚集在一起活动，既能锻炼身体，又能沟通交流，娱乐身心，这是广场型体育活动方式广受欢迎的一个重要原因。

上述体育活动组织与参与形式丰富了人们的日常生活，也促进了人际交流，对社会主义和谐社会建设具有重要意义。

二、我国群众体育发展中存在的主要问题

（一）群众体育发展水平较低，与竞技体育相比发展滞后

我国体育事业发展的体制主要是举国体制，在这一体制下集中全国上下的力量优先推动竞技体育发展，当竞技体育发展到一定水平后，再借助竞技体育之力和有关优势条件来带动群众体育发展。优先发展竞技体育的战略对我国竞技体育的快速发展起到了积极的促进作用，我国运动员在国际竞技体育大赛上取得了优异成绩就是很好的证明。竞技体育发展到一定高度后虽然也在一定程度上带动了群众体育的发展，但是群众体育的发展水平整体较低，和竞技体育相比处于落后态势。

（二）公共体育设施不足与人民群众不断增长的健身需求构成了主要矛盾

当前，虽然我国政府部门积极加大投入力度来完善社会公共体育设施条件，但是随着人民生活水平的提高和健身意识的增强，大众的健身需求大幅度增长，增长速度超过了社会公共体育设施的建设速度，这就导致二者形成了一对尖锐的矛盾，人民群众的健身需求得不到满足，现有体育设施条件无法支持群众体育活动的开展，导致群众体育发展受阻。

相关调查结果显示，当前我国完全免费开放的体育场馆较少，营利性体育场馆因为收费水平高而把一些收入水平一般的体育爱好者拒之门外。此外，体育场馆经营管理差，利用率低，服务水平不尽如人意，导致人们不愿为此消费。像健身公园、广场这样的公共体育运动场所也因为没有引人注目的形象，缺乏实用性而受到冷落。

（三）不同区域群众体育发展不平衡

我国群众体育发展现状中参与项目丰富、参与形式多样、参与人口增多、公共体育设施服务水平提高等这些良好的现象主要出现在东部发达地区，中西部地区这些现象虽然也有所好转，但是不及东部地区进步快和进步显著。东、中、西部三个地区群众体育发展的差距主要体现在体育场地设施条件、体育指导员数量、体育消费水平、社会体育组织的数量等方面。明显的区域差异制约了我国群众体育的平衡发展和整体提高。

（四）社会体育指导员专业素质较低

当前,我国社会体育指导员队伍随着社会经济的不断发展和我国体育事业的蒸蒸日上而逐渐壮大起来,但是和我国体育人口数量相比,社会体育指导员的数量远远不够,大部分体育人口对体育指导的需求还无法得到满足。除了社会体育指导员和体育人口数量的比例悬殊外,体育指导员队伍的整体质量也堪忧,主要存在以下几方面的问题。

第一,社会体育指导员文化程度不高,专业知识储备不多,专业素质较差,综合素质也不容乐观,在运动康复和运动处方方面无法对人民群众进行有价值的指导。

第二,对社会体育指导员的培训机制有待进一步完善,现行培训机制存在的问题是培训时间短,考核不严谨,受训者无法在有限的时间内掌握很多培训内容,虽然考核过关,但主要是因为考核前了解了考试大纲,而真正对培训内容熟练掌握、领会其中精髓的受训者非常少。这就是社会体育指导员虽然持证上岗但是专业素质不高的主要原因。

第三,社会体育指导员培训与考核偏向于理论部分,所以很多体育指导员虽然知道丰富的体育理论指导,但是在实践指导方面缺乏技巧和技能,无法真正发挥自己的实践指导价值。

体育指导员队伍业务能力不精、专业素质不高直接制约了群众体育活动的健康有序开展,人们在锻炼中因得不到专业指导而时常出现意外损伤事故,而且因为缺乏科学有效的指导而导致健身锻炼效果差。

（五）群众体育组织化程度较低,缺乏系统性

群众体育的发展离不开社会体育组织这个重要载体。当前,自发性体育组织在我国社会体育组织中占很大的比例,这是人们自发形成的一类体育组织,组织成员有共同的体育兴趣爱好,确立了统一的利益目标,建立起了深厚的感情,他们共同参与体育活动实践,基本不受外界影响和有关部门的制约。非正式的自发性体育组织的结构比较松散,自我管理方面也不够严格,组织的体育活动以休闲娱乐、健身、交流为主要目的。虽然这种组织形式比较自由,但是地理环境等因素会对其造成限制,所以活动范围有局限。群众体育组织化程度低制约了群众体育的发展,而且也不利于传播体育文化。

第三节 "体育强国"与群众体育的关系辨析

一、体育强国的内涵包含群众体育

一个体育综合实力位居世界前列的国家才能称得上是体育强国,这里的体育综合实力由竞技体育实力、群众体育实力、体育文化实力以及体育产业实力组成,其中群众体育居于基础地位,通过发展群众体育可以传播其所蕴含的全面协调、以人为本等体育文化精神,可以促进国家体育综合实力的提升。从体育强国的内涵来看,群众体育是不可或缺的重要组成部分之一。

二、体育强国战略的提出给群众体育的发展带来了机遇

体育强国是中国梦的重要组成部分,为实现中国梦,必须采取体育强国战略来发展我国的体育事业。在这一战略被提出后,我国体育事业的发展迎来了春天,迎来了重要的历史机遇。群众体育作为中国体育事业和体育强国战略的重要内容,要牢牢抓住这个机遇来向更高水平发展。国家为实施体育强国战略,进一步发展群众体育,出台了一系列法律政策来提供重要保障,如《体育法》《"健康中国 2030"规划纲要》《社会体育指导员技术等级制度》《关于加快发展健身休闲产业指导意见》等。此外,在体育强国战略背景下,我国高举举国体制的大旗,举全国之力发展群众体育,如积极进行体育场地设施建设,全面构建公共体育服务体系,从资金上支持社会体育组织的建设,加强对社会体育指导员的培养等,这些举措为群众体育的发展提供了全面的支持与保障。

三、群众体育助力体育强国建设

(一)群众体育是体育强国的基础

我国自 20 世纪 90 年代中期颁布《全民健身计划》后,群众体育迅速发展起来,人民群众的健身意识逐步提高,社会体育活动的参与者数量大幅提升,全民健身活动得到全社会的关注与支持,社会公共体育设施大量增加,群众体育活动内容日渐丰富,活动形式越来越多姿多彩,在群众体

育开展的多方面条件得到改善后,国民身体素质也显著改善。群众体育在增强国民体质、促进全民健康以及推动社会主义文明建设与和谐社会建设方面发挥的作用越来越突出。

随着社会的不断进步和我国经济发展水平的日益提高,社会各个领域的新发展对国民综合素质所提出的要求越来越多,也越来越高,而就群众体育的发展现状来看,还不足以使国民素质达到新要求,也不足以使体育强国的战略目标在短期内尽快实现。这都是受群众体育发展中存在的一些瓶颈与问题所制约的,如社会体育活动开展范围小;体育人口比例少;体育场地设施开放程度弱且利用率低,群众的锻炼需求得不到满足;国民体质监测管理机制缺乏创新;全民健身工作的开展缺乏科技支持;群众体育相关制度条例有待进一步健全与完善;现行全民健身运行机制与管理体制与社会主义市场经济体制并不完全契合;等等。这些都是需要我们亟待解决的问题。

群众体育与竞技体育不论从任务、对象还是结构、特征来说都有区别。前者的任务是增强全民体质,提高国民预期寿命,提高社会劳动生产率。而后者的任务是争金夺银,取得尽可能多的金牌,为国争光。群众体育服务的对象是全体国民,组织性不强,结构分散,层次不分明,数量庞大,这就决定了它具有自发性、多样性、小型性和业余性的特征。竞技体育的对象是专业或职业运动员,具有自下而上的选拔线性结构,越往上结构越小,整体人数较少,所以具有专业性、组织性以及精英性等特征。虽然竞技体育相对于群众体育来说只占了我国人口非常小的一部分,但由于它关系到"奥运金牌""为国争光",所以得到了国家的高度重视。而占全国人口大多数的群众体育虽然也得到了国家的支持与重视,但因为群众体育的人口基数大,相对于竞技体育来说这种支持与重视是远远不够的。①

我国运动健儿在奥运会上的出色表现使我国发展成为一个体育大国。然而要成为一个体育强国,仅仅是竞技赛场上有出色的表现是不够的。要成为名副其实的体育强国,群众体育是基础,只有当大部分人民群众都有体育锻炼的意识,拥有足够的体育锻炼时间,掌握了正确的体育锻炼方法,能够享受到更多的公共体育资源,我国才有希望发展成为普及到广大人民群众的体育强国。

---

① 于军.建设体育强国进程中群众体育发展战略[J].山东社会科学,2013(12):188-192.

（二）群众体育彰显体育强国文化内涵

文化是一个国家、民族发展的内在价值核心，"始终坚持社会主义核心价值体系"是我国目前发展体育事业的核心价值基础，是我国发展体育文化的指导思想。纵观人类的发展、国家的强大、科技的兴盛，其背后都映射出文化所起的重要作用。文化作为一种软实力体现着国家的自信和尊严，决定着国家未来的发展方向。我国建设体育强国离不开体育文化的支撑和孕育，体育文化关系着我国国民体育素养的提升，决定着我国体育事业的总体方向，因此建设体育强国必然要把发展体育文化放在重要地位。以十九大报告为指导思想，深层次剖析构建体育文化的核心问题，科学审视探讨，进而准确掌握新时代体育文化发展的方向和趋势，扩大我国体育文化的影响力是建设体育强国的重要内容。①

体育文化的含义一般分为内中外三层：内层是体育文化的核心，主要包括体育理想、体育道德、体育价值观等；外层是体育物质层面，包括体育场地、体育设施等有形资产；中层主要是体育规章制度等。纵观近些年体育文化的发展，当今逐步形成的具有中国特色的社会主义体育文化是指向全民身心健康、全面和谐发展的文化。当今中国体育文化是朝着实现体育强国战略目标而发展的。体育之所以令人着迷，根本上是因为人在体育活动中能够展示真实的自我，体现自己的力量、情趣、意志。这些就是体育文化的内涵、体育文化的精神。但是体育精神文化是以人为载体，缺乏运动的人群不会体验到体育文化的精神。

群众体育是体育文化的重要内涵之一，发展群众体育不仅能够展现体育文化，同时也能够展示我国优秀的传统文化。发展全民健身，必然带动我国基础体育设施的建设。纵观美国的体育强国发展史：群众体育的强大来源于体育设施的健全，而体育设施所营造的良好体育运动氛围又能促进群众体育的发展，群众体育的发展能够为体育强国的建设提供源源不断的动力。这对我国体育强国建设具有借鉴意义。在全民健身氛围之下进行体育设施基础建设，必然对优秀的体育文化构建产生积极影响，对体育强国的构建具有基础性意义。

新时期我国体育文化发展的途径包括：以领悟体育文化内涵为核心，高度认识体育文化价值。虽然目前中国在奥运会上取得了令人称赞的成绩，但是整体体育事业与欧美发达国家相比还有明显差距，如何领悟新时期中国特色社会主义思想和中国传统的文化并将其有机地运用在体

① 纪惠芬.从十九大报告解读群众体育国策和体育强国内涵[J].广州体育学院学报，2019，39（2）：5-8.

育文化发展中,需要社会各界深入思考。十九大报告指出要实施区域协调发展战略,体育文化的发展也要均衡全面,以求全面挖掘深层次的体育文化,促进体育强国建设。

（三）群众体育的发展对体育强国建设的影响

群众体育发展水平是由多个指标构成的,在体育强国背景下,群众体育强国评价应涵盖图 4-2 中所示的多个指标。

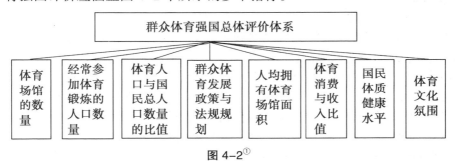

图 4-2①

仅从群众体育的发展现状而言,我国与体育强国的差距还很大。大力推进基础建设以发展群众体育是当前我国实施体育强国战略的首要任务。因为群众体育的发展将影响我国竞技体育的发展水平,从而促进国家体育整体实力的提升(图 4-3)。

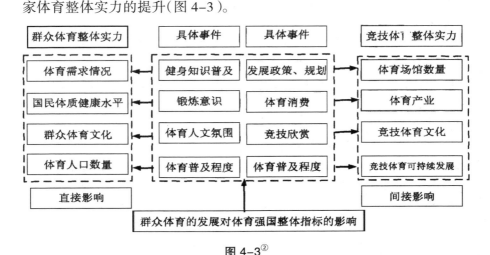

图 4-3②

① "提升我国体育文化软实力核心问题研究"课题组.中国体育文化软实力及其提升 [M].北京：科学出版社,2015.
② "提升我国体育文化软实力核心问题研究"课题组.中国体育文化软实力及其提升 [M].北京：科学出版社,2015.

群众体育的发展对体育强国建设的影响具体体现在其对群众体育综合实力的直接影响以及对竞技体育综合实力的间接影响上。

1. 群众体育的发展对群众体育实力的直接影响

（1）提高人民群众的体育参与度，促进体育人口数量和质量的提升

在现代社会生活中，体育作为一种积极健康、阳光向上的生活方式得到了人们的重视，参与体育锻炼是人人都平等享有的权利。国民生产总值决定了竞技体育的发展水平，而人均 GDP 和人民群众的体育锻炼意识决定了群众体育的发展水平。我国竞技体育随着国民生产总值的提高、举国体制的完善以及管理机制的健全而不断发展，取得了令人瞩目的好成绩，这是促进我国迈向体育强国的重要基础。但我国人口数额庞大，经济发展存在区域不平衡、城乡不平衡的问题，人均 GDP 水平和发达国家相比差距明显，这导致群众体育的发展不及竞技体育那样好。在我国体育事业中，群众体育还是弱项，而且人民群众的体育需求在不断增加，而体育资源却十分有限，二者之间构成的这个矛盾将在今后相当长的一段时期内一直存在，这个矛盾对我国群众体育的发展及体育强国建设造成了严重的制约。发展群众体育是实施体育强国战略的首要工作，而群众体育的普及性及大众的参与度是影响群众体育发展的关键因素。目前，我国体育人口数量在全国人口总量中所占的比例不及发达国家，所以要发展群众体育，关键是要营造良好的全民健身氛围，增加体育人口数量，促进体育人口质量的提升。

（2）提升体育人文氛围，促进群众体育文化的创新

作为一种特殊的社会文化行为，体育活动具有鲜明的综合性特征，开展体育活动会给环境的变化带来影响。体育本身就兼具自然属性和社会属性，作为体育重要内容之一的群众体育，其社会参与性极强，参与群众体育必然会与周边环境产生联系，相互影响。广泛开展群众体育活动对环境造成的影响力很大，进而也会给这个环境中的个体和群众带来影响，即将个体和群众的体育锻炼积极性调动起来，对个体和群众的体育锻炼意识产生潜移默化的影响。当前我国群众体育发展中面临着资源匮乏、供需矛盾尖锐等问题，在这样的现实环境下迫切需要营造良好的体育人文氛围。体育强国战略的实现是一个长期的、可持续的、不间断的系统工程。要想实现体育强国的战略目标，首先要从加强群众体育建设、培育体育人文环境、改变体育文化观念入手。群众体育的科学发展必然带动体育人文环境的提升，体育人文环境的提升又必然会提升体育参与者的参与程度。

（3）增强人们的锻炼意识，提高国民体质健康水平

国民体质健康水平是实现体育强国战略的基础，也是评价体育强国的重要指标之一。当前，我国居民体质连续下降与金牌大国形成了强烈的反差，这种反差正是"重竞技，轻群体"的结果，仅从国民体质健康水平上来看，我国在短期内很难成为世界级的体育强国。鉴于此，广泛提高人们的锻炼意识、增进国民的健康水平具有现实而深远的意义。

（4）普及健身知识，扩大体育锻炼的需求

健身知识是指导群众体育锻炼的重要指南。随着群众体育的开展，体育人群不断扩大，人们更加科学、合理地认识体育与健康的关系，参与锻炼的人群将不断增多。体育健身知识的普及必将带动体育人口数量的提升，体育人口中会产生庞大的体育知识需求群体，从而形成一个科学可持续的发展路径。举办体育赛事会推动群众体育的发展，也能促进体育知识的广泛普及和人民群众体育锻炼需求的扩大。

2. 群众体育的发展对竞技体育实力的间接影响

（1）提升体育的普及程度，促进竞技体育的可持续发展

随着体育强国战略的提出，一些影响我国体育发展的矛盾和问题也随之显现，如竞技体育与群众体育出现了高度分化、群众体育发展严重滞后、人们日益增长的体育锻炼需求与有限的体育资源之间形成了短期内不可逾越的鸿沟等。这些问题成为中国体育发展的瓶颈，影响着体育强国战略的实施。为此，大力发展群众体育成为当前乃至今后一段时间内中国体育发展的重要举措。理论界围绕着群众体育与竞技体育之间的关系进行了深入研究。竞技体育和群众体育之间的关系是互补的，是体育发展的高度分化的结果，竞技体育与群众体育的性质相同、形式各异、功能互补。竞技体育与群众体育都是体育母体的两个部分，是人在体育发展中的作用导致了二者的分化，强调体育的社会价值导致竞技体育成绩斐然，忽视体育自身的价值导致了群众体育发展的滞后。群众体育的开展必然会为竞技体育的选材和科学发展提供有力保障，在一定程度可以为竞技体育的人才储备和科学化选材提供强大的资源优势，从而实现竞技体育的科学、可持续发展。

（2）提升体育欣赏意识，营造良好的竞技体育文化氛围

体育竞赛结果的不确定性在一定程度上吸引着人们对比赛的关注。体育比赛的欣赏活动是一个由浅入深、由外向内、由感官到心灵、由有限到无限，经历从感官到会心再到畅神的复杂的心理过程。这一过程是主

体生命价值陶冶和文化品位的提升过程。① 人们在体育的欣赏过程中鉴赏能力与品位不断提升,从而提升整个社会群体中的文化氛围。举办大型体育赛事,倡导对不同文化、不同民族的理解和尊重,强调"以人为本"的理念,可以营造良好的人文氛围。人们对于体育的欣赏不仅仅局限于挑战人类极限的程度和最终的冠军归属,还向更深层次渗透了体育文化元素。这种文化氛围不但欣赏强者,同时也鼓励弱者参与。使体育竞赛的参与者可以从中体会到文明、热情、礼仪的舒适宽松环境。这种环境的形成有助于竞技水平的发挥和竞技文化的提升,对于竞技体育的发展具有积极影响。

（3）促进体育消费,拉动体育产业的发展

体育锻炼体现了一种消费意识,一种积极的生活方式。从运动服装到运动器材,从竞技参与到高水平竞技的欣赏无处不存在消费的影子。随着中国经济的不断发展、人们生活水平的不断提高,人们的生活观念也随之改变,体育成为健康生活的一部分,随之带来的是参与体育锻炼的人群不断扩大,有更多的人开始关注生活、享受体育,进而增加了健身消费的比重,推动了体育消费水平的提高。随着群众体育的广泛开展、体育赛事的不断举行,体育受众群体的体育消费意识和消费能力将不断提高,从而将推动体育产业的繁荣发展。

第四节 "体育强国"战略下我国群众体育的发展策略

在体育强国战略下发展群众体育,关键是要探索出适合社会主义市场经济体制的群众体育运行机制与管理体制,在举国体制下形成举全国之力共同发展群众体育的新局面;建立与完善公共体育服务体系,使新的体系覆盖全国各地,打破群众体育发展中存在的区域不平衡、城乡不平衡,在均等化理念下提供基本公共体育服务,将更多更优质的服务提供给全国人民群众;还要培养居民的科学锻炼意识和良好锻炼习惯,增加经常锻炼的体育人口数量,提升体育人口的体育素养,使体育锻炼活跃于人们的日常生活中,提高全民体质健康水平,为体育强国战略目标的实现打好根基。

---

① "提升我国体育文化软实力核心问题研究"课题组.中国体育文化软实力及其提升[M].北京:科学出版社,2015.

一、"体育强国"战略下我国群众体育发展的基本理论

（一）以缩小城乡差距为主要目标

针对群众体育发展中存在的供需不平衡问题，我们提出了关于群众体育发展的美好理想，即追求公平、均衡、优质、高效的发展状态，推动群众体育快速发展。本质上来说，这种理想状态是通过缩小城乡群众体育发展差距而实现的。社会主义市场经济条件下我国社会经济关系决定了发展群众体育要以缩小城乡差距为主要目标。不同区域群众体育发展水平存在明显差距与区域地理环境因素的影响有关，但我们很难去改变自然形成的地理环境，因此要把注意力放在对城乡差距问题的解决上，这是群众体育发展中存在的一个主要矛盾。现阶段，我国公共体育设施严重缺乏，远远不能满足人民群众的体育锻炼需求，而农村的体育设施短缺问题要比城市更加严重，而且没有养成体育锻炼习惯的农村居民的比例要比不锻炼的城市居民的比例大很多。在我国很多地区的农村尤其是西部地区的农村普遍存在公共体育产品供给不足；体育指导员严重缺乏；体育场地设施少，现有的体育场地设施年久失修，存在安全隐患；配套的政策法规不完善等问题。目前来看，解决这些棘手的问题，缩小城乡群众体育发展差距是发展群众体育的首要任务。

（二）以政府为责任主体

政府部门在发展群众体育方面肩负重任，县级政府承担的责任更大。我国在城与乡之间并没有十分明确的划分，有的观点是城指的是区县级以上，乡指的是建制镇及以下；有的观点是城指乡镇及以上，乡指农村。不管是哪种观点，县域都是城与乡划分的基本界点，而在城乡资源的统筹分配中，县级政府的引领作用至关重要。所以说政府尤其是县级政府在发展群众体育上肩负重任，是主要责任主体，政府作为责任主体的角色在现在及未来很长一段时间内都不会变化。要使低水平的群众体育发展成为高水平的群众体育，在这个过程中要坚持分阶段发展的原则，在分阶段发展模式的实施中，发挥导向作用的是国家的政策方针，而行为主体是县级政府，这从下面两点中体现出来。

第一，县级政府根据县域内群众体育的发展情况指导具体工作，努力将城乡群众体育发展的差距缩小，促进城乡均衡发展。

第二，政府部门自觉承担起发展群众体育的责任，在国家大政方针的

引导下做好一系列行政决策工作,如落实政策法规,合理配置资源,加强对城乡农村体育活动的管理等。

从上述分析来看,在今后一段时期内发展群众体育,县级政府应在基础操作层面发挥职能作用。

(三)以资源均衡配置为基础

群众体育发展不均衡是当前我国群众体育发展中存在的一个重要问题,主要表现为城乡发展不均衡、区域发展不均衡、不同阶层体育发展不均衡、不同年龄层体育发展不均衡等方面,而资源配置不均衡是造成不均衡发展现状的主要原因。关于合理配置资源以推动群众体育均衡发展的问题,我国不少学者做了相关研究,这些研究能够为资源的优化配置提供重要的参考依据。例如,余涛在研究中构建了群众体育资源配置系统,将群众体育资源要素系统分为功能性子系统和基础性子系统两大类,并进一步分析了各个子系统中包含的具体要素;肖林鹏分析了有形群众体育资产和无形群众体育资产的内涵,对群众体育发展中相关资源的情况做了调查统计,包括体育经费(财力)、体育场地(物力)、社会体育指导员(人力)等资源因素的分配情况,提出了我国群众体育发展中关于资源开发与配置的主要问题,并提出了解决对策。

(四)以分阶段实施为主线

发展群众体育是一项重大而复杂的系统工程,不可能在短期内就实现终极目标,需要经历一个从低级到高级,从低水平到高水平,从幼稚到成熟的过程,这个过程又是由一个个的发展阶段所构成的。只有循序渐进,脚踏实地,才能实现缩小城乡差距,公平与平等的发展目标,进而为实现体育强国战略目标奠定基础。在群众体育发展的低级阶段,均衡配置体育资源,为所有公民提供平等的机会,保障其公平地享受应有的基本权利,这是非常关键的。在群众体育发展的高级与成熟阶段,应顺应社会经济快速发展的态势,优化供需结构,提高公共体育服务产品的质量,使社会体育资源得到最大程度的利用,使群众体育发展的各种不均衡降到最低程度。

我国不同区域的经济发展水平存在明显的差异,依托经济而发展的群众体育也难以逃脱不均衡的发展局面,这个现象普遍存在。除了区域发展不平衡外,群众体育参与者也存在年龄结构、性别结构、学历结构、职位结构的不平衡,针对各种不平衡的现象,我国一些学者提出了有利于改善这一现状的群众体育发展模式,最具代表性的就是秦椿林在均衡理论下探讨群众体育发展的不均衡问题,并提出了缩小差距、促进均衡发展的一些新模式,如橄榄模式、波浪模式等,采用这些发展模式是为了实现群众体育发展的供给平衡、参与者结构平衡、区域平衡、城乡平衡,从而形成螺旋上升的良好发展趋势,而分阶段实施是这些模式运行的主线,分阶段优化配置群众体育资源是社会主义初级阶段我国群众体育发展的一个特征。

二、"体育强国"战略下我国群众体育发展的重要策略

（一）促进竞技体育、群众体育的协调发展

举国体制是新中国成立以来我国发展体育事业的重要体制,在这一体制下,国家资源被集中调用、充分利用,从而推动了我国竞技体育的发展,缩小了我国竞技体育发展水平与西方体育强国的差距。竞技体育的快速发展也使我国成为广受全世界认可的体育大国。可见,举国体制的重要性不言而喻,目前我们仍要坚持这一体制,但要注重对这一体制的拓展、创新与完善,理解这一体制的新内涵,即举全国之力发展体育事业,使逐渐强大起来的竞技体育发挥自身的引导示范作用,带动群众体育的发展,并在新时代体育事业发展战略中将发展群众体育作为一项主要任务而重视起来,在群众体育与竞技体育两个领域合理分配资源,避免在资源投入上有明显的不平衡现象,以实现二者的协调发展。只发展其中一个领域而忽视另一领域的发展对建设体育强国都是不利的。

（二）大力建设体育场地设施,满足群众的基本需要

在全民健身活动开展得如火如荼的今天,社会体育公共服务体系也逐渐完善,在该体系中体育场馆设施居于基础地位,发挥着最基础的物质保障作用,因此必须集中力量改善群众体育发展中的体育场地设施条件,充分满足人民群众日益增长的体育锻炼需要,具体要做好以下几项工作。

第一,要尽量面向全社会免费开放一些体育部门、事业单位及学校的体育场馆,使人民群众有更多的机会去专门的场地锻炼。

第二,盈利性体育场馆要提高服务水平和服务质量,加强规范化管理,吸引人民群众在场馆中的消费,使人民群众在场馆内得到专业指导。

第三,政府部门要在资金投入上加大力度,积极建设体育场地设施,并对社会上兴建体育设施的合法合理行为进行政策上的支持与鼓励。

第四,在体育场地设施的建设上融入科技元素,如大数据分析、人工智能等,提供科技支持,提高场馆设施的智慧化水平,借助科技手段对人民群众的体育爱好进行识别,对群众的锻炼需求进行准确把握,为其定制个性化运动处方,提高公共体育服务水平。

第五,加强对体育物质资源的管理,完善配套的监督管理政策与制度,优化公共体育服务系统,以人民群众的真正需要及社会发展的新要求为依据对公共服务系统进行改革与更新,在系统中增设反馈机制,接受广大人民群众的监督,真正为民服务。

（三）弥补群众体育发展的短板,促进均衡发展

要推动群众体育的协调发展,就要先弥补短板,因此对农村及经济落后地区体育的发展问题予以解决是首要任务,在这方面需要做好以下工作。

第一,在乡村振兴的大政方针下,优化农村公共体育服务体系,提高体育资源供给力度。

第二,在"亿万农民健身活动"背景下落实全民健身政策,广泛开展全民健身活动,加强农村体育硬件设施建设、体育精神文明建设。

第三,农村体育的发展离不开政府的支持,依托政府的力量,发挥政府的宏观调控职能,促进体育资源的优化配置和城乡体育平衡发展,使农民和城市居民享有相同的资源条件,保护农民平等参与体育锻炼的权利。

第四,对于国家层面的扶贫政策,要在地方大力践行与落实,提高扶贫的精准度,解决贫困地区的经济发展问题,从而为贫困地区体育的发展提供良好的基础条件。

（四）培养优秀的社会体育指导员,科学指导全民健身

社会体育指导员是农村体育发展中非常重要的人力资源,他们所发挥的作用举足轻重,因此必须重视对这类资源的优化培育,使其在群众体育及全民健身中发挥自身价值,提高群众体育活动的开展水平。

第一,高校发挥高等教育资源优势来培养社会体育人才,社会上设置专门的机构来进一步培训社会体育指导员,要创造良好的培训条件和培训环境,合理设置培训内容,优化选择培训手段,提高培训质量,促进社会体育指导员专业素质的提升。

第二,对于已经取得资格证书的社会体育指导员,要加强再教育与再培训,提高社会体育指导员的等级,增加高级指导员队伍人数,使社会体

育指导员的专业知识更牢固,实践技能更熟练,并对社会体育领域的最新信息有所了解,根据社会体育发展的新动态来指导人们参加社会体育活动。

第三,鼓励社会体育指导员到群众体育发展落后的地区发挥自己的价值,改变落后地区的体育发展面貌。

第四,社会体育指导员在实践指导中大力宣传科学健身的知识与方法,指导人们掌握正确的多样化的锻炼方法,做好安全保护工作,预防意外损伤的发生,提高锻炼效果。

（五）重视社会体育组织建设,加强管理

社会体育组织在群众体育发展中发挥着非常重要的作用,其对扩大群众体育活动的开展范围、宣传普及全民健身活动具有重大意义。因此,加强对社会体育组织特别是基层组织的建设,并加强对这类体育组织的监督与管理非常必要。这需要重点做好以下工作。

第一,政府充分发挥自身职能,对社会体育组织建设的相关政策与管理制度予以制定,将社会体育组织的目标、任务、功能明确下来。

第二,为促进社会体育组织的规范化发展,要在登记注册、备案制度等方面加强管理,但也要适当降低门槛,对基层体育组织的兴办予以鼓励,为基层组织发挥功能作用提供良好的环境与空间。

第三,政府体育部门与体育社会组织要加强沟通与交流,建立起一个网络体系来共同推动群众体育的发展。

第四,政府在适当范围内、采取科学方式、按照正规程序向社会体育组织购买公共体育服务,科学评估公共体育服务产品的质量,加强质量管理,促进社会体育组织提高公共体育服务水平。

第五章　学校体育——"体育强国"战略下体育文化发展的重要基础

作为体育亚文化的重要内容,学校体育承担着促进学生体质发展,培养体育人才的重任,可以说学校体育是体育文化发展的重要基础。在"体育强国"战略下,不仅我国竞技体育的发展迎来了良好的契机,学校体育的发展也迎来了一个良好的历史机遇。在当前我国学校体育发展的背景下,还存在着不少的问题,突出表现在体育教学、体育课程建设、校园体育文化建设等几个方面,因此加强学校体育在"体育强国"战略下的研究对于我国体育文化的发展具有极大的推动作用。

第一节　学校体育概述

一、学校体育的概念、目的与任务

(一)学校体育的概念

学校体育产生的时间也是比较早,关于学校体育的概念,不同的专家有不同的见解。本书将学校体育的概念理解为,学校体育是指以在校学生为参与主体的体育活动,通过培养学生的体育兴趣、态度、习惯、知识和能力来增强学生的身体素质,培养学生的道德和意志品质,促进学生的身心健康。学校体育是教育的重要组成部分,是计划性、目的性、组织性较强的体育教育活动过程。①

---

① 孙萍 . 初中体育教学伤害事故预防和处理机制研究 [D]. 苏州:苏州大学 ,2018.

（二）学校体育的目的

总体来看,学校体育的目的主要体现在促进学生体质,提升学生心理水平,增强学生道德品质,使他们能很好地完成学习任务,从事社会主义建设和保卫祖国。

（三）学校体育的任务

具体而言,学校体育的任务主要体现在以下三个方面。

第一,全面发展学生的身体素质,促进身体形态结构、生理机能和心理的发展,提高身体素质和人体基本活动能力,提高对自然环境的适应能力。

第二,通过学校体育教育,能使学生学习和掌握体育基本知识、技术和技能,学会科学锻炼身体的方法,培养学生从事体育运动的态度、兴趣、习惯和能力,从而养成终身体育锻炼的习惯。

第三,通过学校体育教育能促进学生的个体社会化发展,还要对学生进行思想品德教育,培养良好的道德和意志品质。

二、学校体育的特征与功能

（一）学校体育的特征

1. 基础性特征

第一,在整个学校教育系统中,体育教育都是非常重要的内容和组成部分,它居于学校教育的基础地位,对学生的各方面发展起着重要的基础作用。

第二,学校体育教育的对象是在校学生,而处于青春期的学生身体各方面都处于发育的关键时期,对其进行体育教育有助于他们的健康成长与发展。

第三,在校学习阶段可以说是学生生活习惯和行为养成的重要阶段,通过体育教育,能为竞技体育和大众体育打下坚实的基础。[①]

---

① 黄志强. 大学生体育活动分层现象影响因素与策略研究 [J]. 体育世界（学术版）,2018（02）：58-59.

2. 普及性特征

学校体育的对象为全体学生,具有极强的普及性特点,在具体的体育教育中,应以全面传授学生体育知识、普及体育活动为宗旨。

3. 系统性特征

学校体育的系统性特征主要体现在以下几个方面。

第一,学校体育遵循儿童青少年发育成长的基本规律,并根据教学规律设计各种形式的体育教学活动,促进学生的全面素质发展。

第二,教师严格遵循循序渐进的基本原则指导学生参加各种各样的教学活动和实践活动。

第三,体育活动主要包括课堂教学与课余锻炼两个部分,只有通过这两方面的结合才能实现预期的教学目标。

（二）学校体育的功能

1. 改善学生身体机能状况的功能

校园体育活动的内容丰富,形式多样,在这样的情况下,能引起学生学习的兴趣,经常参加体育锻炼能增强身体素质,这是学校体育一个非常重要的功能。大学生经常参与体育锻炼,能很好地增强体质,提高人体抵抗疾病的能力。

2. 提高学生心理水平的功能

大量的实践表明,经常参加体育锻炼还能提升学生的心理品质,完善学生的个性,通过各种体育文化活动,学生能从中获得深刻的感悟,能缓解学业与生活上的压力,能帮助学生提升精神状态,从而提升学习效率。另外,校园体育文化还能为师生营造一个良好的精神氛围,促进人与人关系的完善,促进学生的身心健康发展。

3. 教育学生的功能

学校体育还有重要的育人功能,这一功能主要反映在以下两个方面:一方面,教师传授给学生体育知识与技能,提高学生的体育运动水平;另一方面,通过各种形式的课余体育活动,满足学生的各种需求,促进学生的个性化发展。由此可见,学校体育具有显著的育人功能,在宣传与推广体育活动时,要将学校体育的这一功能放在突出的位置。

4. 促进学生智力提升的功能

智力是指人体集中精力以稳定的情绪从事艰难、复杂、敏捷和创造性活动的能力，这一能力对学生一生的发展都起着极为重要的作用。通过参加各种形式的体育活动锻炼，学生能在愉快的氛围下获得各方面的提升，其中智力的提升就是非常重要的一方面。学生在参加体育活动的过程中，大脑能源物质与氧气供应都非常充足，这能促进大学生大脑神经细胞的发育。除此之外，学生参加体育活动还能有效消除疲劳，放松身心，以良好的精神状态投入平时的学习和生活中。

5. 增强学生凝聚力的功能

学生参加体育活动锻炼不仅需要良好的体能和运动技能，同时还要具有良好的团队配合意识，这是因为许多体育项目都是集体性项目，需要团队成员的配合才能完成。因此学生需要具备良好的团队协作意识与配合能力，否则就会影响本团队的运动成绩。而要想形成良好的默契，完成良好的配合，必须要经过长期的练习。此外，学生在练习的过程中能培养自己良好的大局观，能为集体的荣誉而奉献自己的力量。在参加各种体育活动的过程中，师生彼此间的感情逐渐加深，极大地增强了师生的内聚力，这对于学校体育的发展是非常有利的。

因此说，学校体育具有强大的凝聚力，这一功能无论是对于师生的发展还是对于学校体育的发展都具有重要的意义。

6. 娱乐功能

伴随着时代的不断发展，体育已渗透进社会的各个角落，在人们的日常生活中扮演着越来越重要的角色。另外，国家及政府部门也高度重视体育运动的发展，体育的影响力也越来越大，通过参加体育运动锻炼，人的身心都能获得全面健康的发展。

经常参加体育锻炼，除了能增强身体素质外，人的审美素质和个性品质也都能得到相应的提升。这对于学生的全面发展具有非常重要的意义。由此可见，一个良好的学校体育氛围能有效提升和完善师生的心理品质，促进师生的全面发展。

7. 提高思想品德修养的功能

目前，各种各样的学校体育活动大量涌现出来，极大地丰富了学生的业余文化生活。体育运动能吸引众多的热爱运动的学生，学生在良好的体育环境与氛围中能丰富自己的知识结构体系，增强自身身体素质，而且还能很好地培养学生的集体主义精神，还能锻炼自己的意志品质。例如，体育竞赛活动能够在一定程度上强化学生的团队意识;体育讲座能帮助学生正确认识体育教育的基本理念;体育实践能很好地促进学生的个性发展。总之,通过参加各种各样的体育活动,能有效提升学生的心理品质,提高其思想修养,学校体育的这一功能理应得到更好的弘扬与传播。

第二节 学校体育发展现状及存在问题分析

当前我国学校体育教育还存在着不少问题,并且这些问题并不是在短时间就能解决的。了解我国学校体育教育的现状并找出问题所在是促进我国学校体育教育质量提高的必经之路。

一、学校体育发展现状

(一)学校体育总体发展现状

体育物质文化、体育制度文化、体育精神文化是学校体育发展的三个层面,这三个层面对于学校体育的发展具有重要的意义,缺一不可。下面我们就以这三个层面为主分析当前我国学校体育的发展情况。

1.学校体育物质文化发展现状

在学校体育系统中,体育物质文化的内容非常丰富,我们平时所看到的体育场地、体育设施、运动器材、各种体育雕塑、体育标语等都属于体育物质文化的内容,这一方面的内容是必不可少的,是学校体育存在的基础,缺少了这一部分内容,任何体育活动都难以开展。以上这些体育物质文化的内容凝聚和展示着校园全体师生员工的知识与智慧,对学生产生潜移默化的影响。这些体育场地、设施、器材等是师生得以开展体育教学活动的重要载体,也是学生参加课余体育活动所需要的,其发展水平在很大程度上决定着学校体育发展的水平,因此学校体育部门要引起高度重视。

下面就重点研究与分析当前我国学校体育物质建设方面的情况。

(1)学校体育场地设施建设现状

在学校体育教学中,任何活动的开展都要以体育场馆、器材等设施为载体,缺少了这些载体,体育教学活动也就无法开展。另外,这些体育基础设施的建设水平也在一定程度上决定着体育教学的质量,决定着学校体育文化水平的提升。因此,学校体育管理部门要加强这一方面的建设。

下面主要以高校体育教育的资源建设作为例子来分析我国学校体育物质文化的发展情况。

据大量的调查统计发现,我国绝大多数的学校体育场馆、体育器材等并没有达到国家制定的相关标准,有一部分学校的体育基础设施难以满足课堂教学、课余体育锻炼的需要,这非常不利于学校体育教育的发展。

受高校扩招、学校影响力提升等因素的影响,我国有很多学校将大部分的体育物质资源都用于学校运动队的体育教学和运动训练之中,导致学生参加课余体育锻炼的体育场地与设备不足,这对于学生运动水平的提高以及体育健身意识和习惯的培养都造成了不良的影响。

另据调查发现,造成当前我国大学体育场馆、体育器材等基础设施不足的原因主要有以下几个方面。

第一,为了在短时间内提高学校的影响力,有很多学校往往只重视眼前利益,而忽视了长远的利益,不利于学校体育教育的长期发展。除此之外,盲目扩招也极大地压榨体育优质资源,无法满足广大学生学习体育的需求。

第二,我国地域辽阔,各地区存在着发展不平衡的情况,并且伴随着社会经济的不断发展,这种不平衡的情况更加严重。在此情况下,各地各级领导对大学体育的任务、目的、地位的认识有诸多偏差,甚至毫不重视体育文化在高校的开展,放任自流,这种情况非常不利于体育场馆、体育器材等基础设施的建设,不利于体育教学活动的开展。

第三,即使一些体育场馆、体育器材比较齐全的学校,由于这些设施设备的维护费用较高,但学校的支出又不够,在这样的情况下,学校通过减少向学生开放的次数来应对,这非常不利于学生参加课余体育锻炼,不利于学生终身体育教育的发展。

（2）学校体育物质环境现状

一个良好的体育物质环境对于学校体育教学活动的顺利开展具有非常重要的意义。它对于学生体育兴趣的提升和运动动机的激发也起着十分明显的作用。因此学校体育物质环境的建设非常重要。一般来说,学生的体育价值观念还很不固定,具有一定的可塑性,他们对体育的价值认识还处在表层、初始阶段,没有充分认识到体育环境所具有的教育功能,在这样的情况下,学生的体育价值观念的更新,体育文化素养的培养等都会受到一定的影响。因此,加强体育教育环境的建设与发展势在必行。

在学校体育物质文化环境建设方面,我国很多学校还存在不少的问题,不论是还未形成体育物质文化环境的创造意识。在现代信息化社会环境下,学生主要通过体育图书资料和网络资源来了解和接触体育相关信息,但是仅仅只有少部分学校将这些信息放到学校的校园论坛中,由此可见重视度还是不够的。

当前我国绝大多数学校的体育宣传途径少,宣传方式比较单一,在这样的环境下,很难实现既定的学校体育教育目标,这对于校园体育文化的建设是非常不利的。为改变这一现状,学校体育部门领导及体育教师要联合各部门在今后不断加强体育物质文化的建设,学校部门要加入资金投入力度,并从思想上高度重视起来。

2. 学校体育精神文化发展现状

体育精神文化可以说是学校体育教育发展的思想核心,也是学校体育文化的核心内容,它是在一定区域内集成的具有普遍自觉性的体育文化小群体。每一个身处在这个小群体中的人都普遍具有相似的体育观念和体育行为。这些文化小群体通过相互间的合作而形成了一个良好的体育文化氛围,在这一浓厚的文化氛围下,师生能够形成良好的体育观念和体育行为,这样才能促进学校体育教育的健康发展。

当前,我国学校体育精神文化的现状可以从以下几个方面得以体现。

(1)体育观念

体育观念是学校体育精神文化建设的重要内容,它是指体育教师与学生对体育在健身、娱乐、心理素质提高、智力培养等方面的价值的认定。形成正确的体育观念是非常重要的,因为只有在正确的体育观念的指导下,师生才能采取恰当的体育行为促进学校体育的发展。因此在平时的教学中,体育教师和学生要非常重视体育观念的培养。一般情况下,一个良好的体育观念主要在健身、娱乐以及在心理健康促进、智力培养等方面得以体现。

据调查发现,我国绝大部分学校的学生都能认识到体育的价值与功能,他们能认识到体育对人的身心健康的重要作用,认识到体育锻炼能够使人乐观向上,有助于增加智力水平,有助于人们提高道德水准。但是他们对体育观念的认识还只停留在表面,体育对人的深层次的影响,大多数学生并不能领会和表述清楚。

另据调查,尽管大多数学生能认识到体育锻炼的价值,但是将这些体育观念付诸行动的并不是很多,这对于学生形成良好的体育锻炼行为是十分不利的。与学生相反的是,社会上的中老年人反而能够对体育在人的生理、心理健康中的作用、方法等掌握得较为清晰,并且他们能长期坚持参加各种形式的体育锻炼,能充分利用体育锻炼的价值,促进了身体素质的发展和提高。

综上所述,我国绝大部分学校学生的体育观念还是比较正确的,都能充分认识到体育锻炼的价值与意义,但是并没有将这种良好的体育观念真正地贯彻与落实到具体的实际行动中。因此,在今后体育教师要加以引导,帮助学生更加深刻地理解体育文化更深层次的内容。在当前激烈的社会竞争背景下,如果学生不能革新旧有的体育观念就会制约学校体育教育的发展,也不利于自身走向社会后的发展。

（2）体育风尚

体育风尚也是学校体育文化的重要内容,它是指在体育教学或活动中由广大师生传承的具有普遍自觉性的体育行为和习惯。在良好的体育风尚下,校园体育文化建设水平能得到极大的提升,在这样的环境氛围面,体育教师和学生能够形成积极进取的良好心态,同时还能形成良好的校风和学风,有利于学校体育教育的发展。

据调查发现,当前我国很多学校的体育风尚表现得并不令人满意。仅仅只有少部分师生能够坚持参加日常体育锻炼,能够关注身心健康问题,能够主动地去学习和接受体育方面的知识。而需要注意的是,平时关注体育新闻、观看体育节目、体育赛事的师生则非常多,因此可见这些体育赛事及运动项目的吸引力。一个良好的体育文化氛围能对师生的体育参与度产生较大的影响,在良好的体育氛围下,师生能够更加自觉地参与体育活动与锻炼。

总之,目前我国大多数学校师生的体育观念相比以往有所转变,都能充分认识到体育锻炼的价值所在,但他们自觉参与体育锻炼的意识仍然较差,这就需要今后学校体育相关部门要经常组织一些体育文化活动或体育比赛,引导广大师生养成良好的体育观念行为,并将这些体育观念充分贯彻于体育活动之中。

（3）体育道德

发展到现在,全球一体化的趋势日益明显,伴随着社会经济的发展,社会各个阶层的贫富差距也越来越大,这使得人们的心理状态发生了较大的转变,出现了心理失衡、道德沦丧等不良的心态,因此加强人的道德素质的培养至关重要。对于在校学生而言,学校体育文化对提高学生体育道德具有独特的作用。学生的道德水平在体育运动中可以有所体现,因此便有"要想打好球,先要做好人"的语言。体育道德是学生整体人文素质状况反映的一部分,这种在体育运动参与过程中体现出的道德水平非常真实和客观,是学生对体育内在意识、观念及价值等的具体表现形式。尤其是在足球、篮球等集体项目中,以上这些意识与精神则显得更为重要。通过长期的参加体育锻炼,尤其是那些需要团队配合的集体项目,能很好地培养学生的责任意识、公平意识和集体主义精神,有利于学生的全面发展。

另据调查发现,我国绝大部分学校学生的体育道德水准还是比较高的。这主要表现在绝大多数的学生都能够按照公平竞争、团结友爱、重在参与的原则参加各种体育活动或比赛,能表现出强烈的集体主义精神。在体育活动和比赛中他们最希望实现的是机会均等、遵守纪律、表现自我、实现自我和超越自我的目标。这些精神对于学生的未来发展是非常有帮助的。

对于处于青春期的学生而言,他们一般都较为单纯,没有社会上世俗的功利心态,在这种情况下非常有利于体育道德素养的培养。但需要注意的是,我们也必须看到学生受家庭、学校、社会等各方面因素的影响,其体育道德也存在一些不足的地方。有的学生在参加体育运动锻炼或体育比赛的过程中表现出自私自利、缺乏责任感、缺乏团结合作精神等不良行为,这一方面也是普遍存在的。因此,体育教师要切实深入了解每一名学生的具体实际,了解学生的心理需求,对其进行有针对性的培养。

（4）体育精神

一般来说,学校体育精神突出体现出公平竞争、顽强拼搏、团结协作、遵纪守法等精神。这些精神对于学生的未来发展非常有帮助。在学校体育文化中,奥林匹克文化是必不可少的内容,向学生弘扬奥林匹克精神以促使他们也将"更快、更高、更强"理想作为人生的追求。此外,对于公平竞争和拼搏奉献等精神的培养,也充分体现出学校体育文化培养的价值所在。

影响学生体育精神的培养与大学体育传统、地域、民族、性别均有很大的关系。但是影响最大的莫过于大学体育传统和性别。比如在校园中,男生在体育运动中的拼搏精神和认真程度通常高于女生,当然这与男性争强好胜的天性有关。而女生则在体育运动过程中体现出更强的意志品质,这也与女性天性中的隐忍与韧性强度较高有关。再者,体育传统较好的校园能够积极培育学生的体育各种精神,相反,尚未形成体育传统的校园使学生感受不到体育精神的渗透,感受不到大学体育在他们的学习生活中所带来的影响。

除此之外,绝大部分的学生在参加体育活动或比赛的过程中都能严格遵守既定的比赛规则、服从裁判和尊重对手,但是他们比较缺乏创新思维,创新思维的发展受到一定的阻碍,在这样的情况下难以形成一个浓厚的体育创新文化氛围,这非常不利于学生的全面发展。

3. 学校体育制度文化发展现状

在学校体育文化体系中,体育制度文化也是非常重要的内容,它是学校体育组织形式和体育意识的集中体现,其价值与作用非常明显,那就是用来制约和指导学生正确的体育活动行为。

为保证学校体育教育的顺利发展,必须要有一个科学完善的管理制度做保障,因此,加强学校体育制度文化的建设至关重要。学校体育制度可以说是学校体育文化管理和文化活动的准则。在活动中,它成为约束与规范学生体育行为的基本原则,也正是由于受到这些体育制度的约束,学生才能在这种"局限"下慢慢养成依规行动的意识。现代社会本来就是各种规矩林立的社会,在社会中,法律就是制度,这对于学生适应社会、服从管理、遵守公共道德等素质的培养是极为有帮助的。

当前,我国学校体育制度文化建设的现状可以从以下几个方面体现出来。

（1）体育传统

体育传统是指学校在体育方面形成的一种带有普遍性、重复性和相对稳定性的体育行为风尚。在学校体育教育中,各学校普遍存在着一些体育传统活动,如校级运动会、校内学生体育联赛等,这些活动的举办对于学校体育的发展具有重要的意义。大部分学校重视课余体育训练,针对高水平运动队和普通学生运动队的不同特点,安排相应的运动训练并组织参加校外体育竞赛。但是,通过调查发现大部分学校对体育节等活动的名称并不是非常关注,从这点小事就可以体现出学校体育活动组织者对这方面的意识尚没有建立起来,而实际上这种体育传统对学校体育文化的建设与发展显现出极为重要的作用,的确值得给予关注。另外,大部分学校缺乏体育理论选修课的设置,过于注重实践选修课的安排,同时还缺少体育专题讲座与体育知识竞赛等活动,这一点需要今后加以改进。

（2）体育制度

一个良好的体育制度体系能够保障学校各类体育文化活动的顺利进行,协调各部门、各层面校园主体的工作,最大限度地发挥参与体育活动的人力、物力和财力的作用。

据调查发现,当前我国大多数学校都能够根据学校的体育教学、校内体育竞赛、运动队训练和竞赛、体育教师管理、场地器材设施管理的需要建立相应的体育制度,但是大多数学校的体育制度文件内容基本相同,没有依据自身的具体实际制定出有针对性的体育制度,不利于学校具体的体育工作的开展。

另据调查,一些学校受生源及就业压力的影响,而不重视体育工作,并没有按照国家学生体质健康标准要求进行测试,测试成绩也并未纳入到学生评优和毕业要求中,造假现象严重。

总之,在当前学校体育发展的背景下,虽然绝大部分学校都具备国家下发的相关体育政策文件和维持学校体育工作的体育制度,但是随着学校体育工作的现代化、信息化、社会化,各学校的体育制度已经远不能满足当前需求,这需要革新旧有的思想观念,结合当今学校体育教育发展的背景和形势进一步改进与完善体育制度体系。这样才能有效推动学校体育的发展。

(二)重点体育课程建设现状

1. 学校田径课程建设现状

在我国的学校体育教育中,田径课程引进的时间较早,属于我国学校体育教学中的一个具有重要影响力的体育课程。与其他后引进的体育课程相比,田径课程具有一定的优势。但随着学校体育教育的不断发展,体育教学内容也日益丰富,在这样的情况下,田径课程受到这些课程的极大的冲击,田径课不再像以往一样受到重视,而是逐渐淡出了学校体育必修课内容,有些学校甚至还取消了田径课程,由此可见,田径课程在学校体育教学中面临着巨大的挑战。

尽管,田径课程受到的冲击较大,但目前在我国绝大部分学校中,田径这一课程仍然都会设置,主要分为必修课和选修课两种,因为毕竟田径是运动之母,是其他一切体育运动项目的基础。

据调查发现,当前我国田径课程建设主要存在以下几个方面的问题。

(1)田径课程开课形式

据调查发现,我国几乎所有的高校都开设了田径课,基本在一年级将田径作为必修课,这充分说明在这一阶段,田径课程还是比较受到学校教育部门重视的。

在高校体育教学中,田径有必修课和选修课两种形式,作为选修课时,仅有很少的一部分学生选择田径课程。这主要是因为田径课程的内容比较单一,难以引起学生学习的兴趣,作为学校体育教育管理者或者体育教师,一定要重视田径课程内容与形式的革新与丰富,努力提升学生学习田径课程的兴趣。

(2)田径课程教学时数状况

一般来说,田径课程的教学时数主要分为理论课时数和实践课时数两个部分。当前,关于我国各学校田径课程教学时数的状况如下所述。

①理论课时数方面

在教学时数方面,我国大部分高校每学期只有 2 学时的田径理论课,相对来说,理论课的时数较少,不利于学生深刻地认识与理解田径运动的内涵,从而难以对田径实践实现有效的理论指导。这种田径理论与实践内容课时安排的不合理性直接影响着我国高校田径运动的健康发展。在学校体育教学中,学生田径运动水平的提升同样需要依靠理论与实践的结合,因此学校的体育教育管理部门一定要引起重视,适当地增加田径理论课的教学时数。

②实践课时数方面

在田径实践课的教学时数方面,通常来说维持在 12 ~ 20 学时之间,有很多学校每周上 1 次田径课,共 2 学时。总的来看,我国高校的田径实践课的教学时数还是不够多,这对于学生学习与掌握田径技战术造成不利的影响。

（3）田径课程教学理论课内容状况

据调查发现,我国大部分高校都不重视田径理论知识的教学,教学时数与教学内容的安排都非常不合理,教学理论的缺失会对学生参加田径实践活动造成一定的不利影响。因为实践是在一定的理论指导下进行的,只有通过理论的科学指导,才能获得理想的实践效果。

我国学校的田径理论课内容主要包括田径运动常识、田径运动特点与价值、田径运动发展趋势等三个方面。这几个方面所涵盖的田径知识并不是很多,加以教师和学生都不是很重视,因此学生就难以理解田径运动丰富的内涵与价值,对学习田径运动产生不利影响。

在田径理论课的组织形式方面,主要是采用班级集中授课的形式,这样形式有利于教师授课,但不能因人而异、因材施教。专家讲座、专题学习、看录像、学生自学仅占很小的比例。集中授课这一形式可以在短时间内组织学生学习田径运动基本知识,但也存在着一定的弊端。在这一教学形式下,学生在教学过程中大都处于一个被动的局面,难以激发学习的积极性。因此,在田径课程改革中,应将调整授课形式作为一项重要的工作,要本着"以人为本""坚持创新"等理念和原则进行。

（4）田径课程教学技术理论课内容状况

①课程内容分析

通过大量的调查与分析发现,与学校其他体育课程相比,我国大部分学校的田径课程内容相对陈旧,内容也比较简单,大多数只重视田径技术训练,身体训练与技术能力发展的结合不够,在这样的情况下,学生的学习成绩难以得到有效的提高。

②教学组织形式、方法及手段分析

田径教学系统涵盖很多的要素,正是在这些要素的推动下,系统才得以顺利运转,就要合理安排好系统内的每一个元素。教学组织形式、教学方法及手段是重要的基础,直接影响到田径教学效果,因此学校体育教育部门要引起重视。

通常情况下,学校体育课堂教学班的人数不宜过多,一般最好维持在30人左右,这样能保证每一名学生都能被照顾到,能取得理想的教学效果。但据调查发现,目前我国有大约46.43%的高校教学班的学生人数为25～30人,有接近10%的高校田径实践课人数超过30人,剩下的要多于30人,这一种情况需要今后做出必要的改变。

要想提高田径教学的质量和效果,就必须要采用符合现代教育要求的教学手段与方法,一个良好的教学手段与方法体系能保证田径教学活动顺利开展,因此这一方面一定要重视起来。在新的时代背景下,教学手段与教学方法的设计要符合现代学校教育的要求,遵循创新教育的基本理念,要尽可能地采用现代化的教学手段组织田径课程教学。目前来看,我国绝大部分学校的田径教学手段与方法都比较单一,缺乏一定的趣味性,这对于学生运动技能或学习成绩的提高是十分不利的,因此要引起高度重视。

③教学内容考核评价分析

在田径教学中,田径课程教学内容的考核主要包括理论课考核和技术课考核两个方面,其考核形式主要以"技评 + 达标"和达标两种方式为主。但目前我国绝大部分学校采取的都是以运动成绩为主的方式,这一方式下得到的反馈结果欠缺客观和准确,很难为教师制定教学方案提供良好的依据。

在体育教学中,受各方面因素的影响,每一名学生都存在着各种差异,这些差异突出表现在个性特点、兴趣爱好、运动基础、学习态度和学习水平等多个方面。在这样的情况下,单单用运动成绩来考核学生的学习情况是非常不客观的。因此,需要体育教师今后加以改进和完善,如可以采用学生自评、互评和教师评定相结合的方式,将学生运动成绩、学习态度、情意表现、进步幅度等方面的考核结合起来,这样才能得出相对客观的考核结果,便于体育教师组织与开展教学活动。

（5）田径课程教学教材状况分析

教材可以说是田径教学的重要基础,没有了教材,教学活动就难以顺利进行。因此,加强学校田径教材的建设就显得至关重要。据调查,当前我国学校的田径教材建设状况不容乐观。据调查,我国学校使用全国统编教材、自编教材、统编与自编结合、无专用教材四种情况的比例分别4∶2∶2∶2。有相当一部分高校没有结合本校实际状况制定适配的田径教材,这对于田径教学质量的提高是非常不利的,因此学校体育教育部门要引起足够的重视。

（6）田径课程教学场地器材状况分析

田径体育教学活动的顺利进行离不开必要的场地与器材,缺少了田径场地与器材,田径教学活动就难以开展,因此,加强田径教学场地及器材的建设非常重要。自从田径被纳入体育教学课程以来,我国高校体育教育相关部门就比较重视田径场地设施与器材的建设。据调查统计,我国有近80%的高校场地器材建设情况良好,能基本满足广大学生的学习需求。但随着我国高校扩招的逐步进行,招生规模日益扩大,我国很多田径教学场地与器材面临着相对匮乏的局面,这对于田径课程的建设是十分不利的。作为学校教育部门一定要加大田径课程的资金投入,搞好田径教学场地及器材等硬件基础建设。

2. 足球课程建设现状

（1）教学目标方面

足球课程建设的质量与效果如何,必须要以一定的目标为依据,因为所有的教学活动的开展都要围绕这一教学目标而展开,这样才能保证教学活动有的放矢,完成预期的教学任务。

总体而言,目前我国足球课程建设存在以下几个方面的问题,需要今后大力改善。

①教学目标不明确

目前,我国大多数学校的足球教学目标的设置存在以下两个方面的问题。

一方面,绝大多数的学校缺乏足球教学目标的文字说明,没有一个统一的标准,教学目标的不明确而教学活动显得无序和混乱,对于教学活动的顺利进行是十分不利的。

另一方面,缺乏足球教学目标的准确描述,没有一个科学合理的教学指标,导致足球教学目标的意义难以明确。

②教学目标不系统

目前,我国很多学校在教学目标的设置方面不系统、不全面,通常主要体现在足球理论和足球技能两个方面,缺少思想品德教育、个性化培养等内容。足球知识传授要服务于足球技能传授;学生要想学习和提高运动技能要建立在足球基本知识基础之上；而思想品质教育、学生个性化的培养等则统一于足球教学实践，只有这几个方面结合起来才能提高足球教学的质量，促进学生的全面发展。

③忽视终身体育教育

在素质教育改革的今天，以往的教学理念受到了一定的冲击，很多旧有的教学理念已难以适应现代学校教育的要求，因此加强体育教学理念的创新与发展势在必行。"全面发展学生素质、促进学生健康成长，培养终身体育"成为当前我国学校教育的基本目标，这一理念有助于体育教师依据学生的个性特点、教学实际等制定出科学、合理的教学目标。

一般来说，足球教学目标的设置要突出足球专项的特点，将学生终身体育意识的培养、专项能力提高等因素充分考虑在内，这样才能制定出合理的足球教学目标。目前我国大部分的学校都非常重视学生足球知识与运动技能的培养，极大地提升了学生的足球运动水平，但在一定程度上忽略了足球对学生终身体育意识习惯的培养。这需要今后体育教师要将终身体育的理念充分贯彻于日常的足球教学活动中，培养学生良好的体育意识和习惯。

（2）教学内容方面

当前，我国大部分学校在足球教学内容的设置方面还存在一些问题，这主要体现在以下几个方面。

①教学内容目的性不强

我国绝大多数的学校在足球教学内容方面还是比较丰富的，但也大都存在着目的性不强的问题，在具体的教学过程中往往流于形式，这样是难以取得理想的教学效果的。

②教学内容缺乏趣味性

如果教学内容缺乏一定的趣味性是难以激发学生学习的兴趣的，因此足球教师一定要注意足球教学内容的设计，争取设计出具有趣味性的教学内容。但目前我国学校的足球教学内容大都照搬竞技性足球的内容，欠缺一定的健身性和娱乐性。大部分内容主要是足球基本技术和战术教学，很少涉及足球运动的竞赛组织、游戏练习等方面内容。这对于学生学习足球的积极性的提高是非常不利的。

在足球教学内容缺乏趣味性的情况下，学生就会逐渐失去学习足球的兴趣，积极性受到极大的打击，因此今后体育教师一定要加强足球教学内容的创新，让学生从心底爱上足球这一项运动。

（3）教学方法较为落后

在教学方法方面，我国很多学校的足球教学也存在不少问题，这突出体现在教学方法比较单一和落后,缺乏必要的创新,在这样的情况下,体育教师和学生都缺乏参与教学活动的兴趣。

受传统教育观念的影响,大部分的体育教师都普遍缺乏创新的动机和意识,这就严重影响着足球教学方法的创新,对于足球教学质量的提高是十分不利的。

受升学率及招生的影响,我国有很多的学校教育部门并不重视足球教学质量的提升,有很多先进的教学方法未能被引进学校之中。大量的实践充分表明,先进的教学方法和手段对教学质量有着重要的影响,因此要想提升足球教学的质量,除了重视足球教学的发展外,还要注重足球教学方法的改革与创新。

（4）教学评价方面

足球教学活动的顺利开展离不开必要的教学评价,只有合理的教学评价才能为体育教师提供准确的反馈信息,从而以此为依据制定出合理的教学方案。目前我国学校足球在教学评价也存在一些问题,这突出体现在以下几个方面。

①教学评价方式落后

第一,教学评价比较单一,不全面。目前我国大部分教师仅仅在足球课结束时,选择一两项足球技术考察学生的掌握情况,其他方面很少涉及。

第二,在足球教学汇总,体育教师大都根据学生的出勤情况和课堂表现情况给予一定的印象分,这种评价方式比较主观,欠缺合理。

第三,体育教师主要是将学生的考试分数和印象分相加来评价学生的学习质量。这一种方式也欠缺一定的客观性,很难得出客观合理的评价结果。

综上所述,当前我国很多学校的足球教学评价方式显得比较单一和不合理,难以为体育教师提供可靠的教学依据,这需要今后重视体育教学评价方式的选择与应用。

②教学评价结果不客观

教学评价体系的建设在很大程度上影响着教学质量的提升,当前我国各学校足球教学评价结果不客观的事实阻碍着足球教学质量的提升。当前,我国学校主要采用的是教师分班级授课的方式,足球课同样也沿用这一方式,这种方式的优点是便于组织全体学生学习,有利于提高教学效率,缺点是不能针对个别学生因材施教。足球教学评价方式的单一和不客观导致体育教师难以把握足球教学活动的开展,影响其教学的积极性。

③教学评价无法检验育人效果

据调查发现,当前我国的教学评价体系还很不完善,存在着大量的问题,在这样的评价方式下,无法检验足球育人的效果。

(1)当前足球教学评价的内容不全面,评价方式较为单一,只重视学生学习成绩的评价,缺少学生学习态度、情意表现、进步水平等方面的评价,难以得出真实客观的评价结果。

(2)现有的足球教学评价内容不利于学生终身体育意识和习惯的养成,对于学生的未来发展是不利的,需要今后大力改革与发展。

综上所述,目前我国大多数学校的足球教学评价还存在大量的问题,难以符合当今学校全面素质教育的要求。在今后改革与发展的过程中,应逐步实现由单一型评价向综合体育素质评价转化,实现评价内容与评价方式的多元化。这样才能为体育教师提供准确全面客观的反馈信息,从而制定出科学合理的足球教学方案。

3.民族传统体育课程建设现状

民族传统体育中的武术、跆拳道、健身气功等项目引进学校体育教学中的时间也相对较早,但在西方竞技体育的冲击下,这些民族传统体育课程的生存状况也不容乐观。其在发展的过程中也存在不少问题,大大地制约和影响着民族传统体育课程的建设与发展。

(1)改革目标不明确

民族传统体育的改革目标不明确,这是当前民族传统体育课程建设中存在的一个大问题,也是我国学校体育教学普遍存在的一个问题。课程教学内容难以舍弃旧有的以运动技术为中心的课程体系,这严重制约着我国高校民族传统体育课程的建设与发展。

很久以来,我国就确立了学校体育教育的主要目的在于提高学生身体素质,培养学生终生体育观念,促进学生的全面发展。民族传统体育教学对于学生的素质教育起着重要的作用。因此,在民族传统体育课程改革的过程中,要将学生的体质和健康第一作为改革的指导思想,强调培养目标、课程设置、管理模式等的建设。目前来看,我国很多高校在民族传统体育课程改革中都存在着改革目标不明的问题,需要今后加强这方面的改革与发展。

(2)教学模式单一化

教学模式单一也是当前我国学校民族传统体育课程建设中普遍存在的一个问题,教师讲解传授,学习模仿学习这一模式在体育教学中最为常用,这一教学模式在教学初期具有明显的效果,能帮助体育教师顺利地开展教学工作,能帮助学生快速地掌握知识与技能,体现出一定的先进性。

但随着现代学校教育的不断发展,这种单一的教学模式已难以适应学校教育的要求,难以提高学生学习的积极性和学习的效率,还不利于学生创造能力的培养和提高。因此,改革教学模式也是非常有必要的。

（3）无法摆脱原生形态

受西方竞技体育的冲击,我国的民族传统体育教学面临着非常困难的局面,绝大多数学生都倾向于选择趣味性较强、富有娱乐性和刺激性的竞技体育运动,而仅仅有少部分的学生选择民族传统体育课程。除此之外,很多高校的民族传统体育教学甚至只是以课外活动的形式展开,这使得民族传统体育无法摆脱原生形态。为改变这一状况,学校相关部门要积极探索,汲取教训,采取各种手段与措施逐步摆脱民族传统体育陈旧的原生形态,实现民族传统体育课程的多样化发展。

（4）教学经费投入有限

据大量的调查与分析发现,目前我国各界对学校民族传统体育教学的支撑大多都只停留在理论上,对民族传统体育教学的经费投入非常有限,这严重制约着民族传统体育课程的建设与发展。因此,在资金投入有限的情况下,民族传统体育教学场地、设施、器材等严重不足,影响着教学活动的顺利开展,同时也不利于学生的课后锻炼。

受硬件基础设施不足的影响,很多实时候民族传统体育只是作为一项课外活动内容来进行。这非常不利于学校民族传统体育的发展,不利于民族传统体育教学质量的提高,这一点我国学校教育部门应该引起高度重视,在今后要加强民族传统体育教学经费的投入,搞好民族传统体育的基础设施建设,为民族传统体育课程的建设与发展奠定良好的物质基础。

二、学校体育存在问题分析

（一）体育教学方面存在的问题

1.教学观念落后

在体育教学观念方面,与国外学校相比,我国在这一方面显得比较落后。体育教学观念更新不及时,如今的终身体育教育等观念虽然得到了很好的传播但并没有在实际的教学中得到很好的落实。受以往传统教学观念的影响,旧有的教学模式仍然普遍存在着,学生处于被动学习的地位,基本上还是教师讲解示范,学生模仿练习的套路,学生的个性化发展受到抑制,这非常不符合现代学校教育的要求。

2.教学目标不准确

发展到现在,我国学校的体育课程内容越来越丰富,但是受西方竞技体育的冲击,往往过于重视竞技体育项目而忽略了其他项目的建设,导致课程设置不合理,不利于体育教学的长远发展。在具体的教学中,体育教师往往以掌握某项运动技术为目标,大大降低了教学的要求和标准,这种不准确的教学目标对学生的学习会造成很大的影响,不利于体育教学的质量的提高。

3.教学内容与方法单一

目前,在我国学校体育教学中,西方竞技体育项目占据着相当大的比重,大部分学生也倾向于选择这些富有趣味性的,刺激性较强的体育项目。这种过于追求竞技化的形式会在一定程度上忽略学生身体素质与个性化的培养,非常不利于学校体育教育的长期发展,这与学校体育增强学生体质的目的是不相符的。

在教学方法方面,很长一段时间以来,我国学校体育教学一直遵循讲解、示范、预防与纠正等教学方法,这种方法对于学生初期的学习有不错的效果,但长久来看,不利于学生学习主动权的掌握,不利于学生学习自主学习能力的培养和提高。

4.教学评价舍本逐末

体育教学质量的提高离不开教学评价的帮助,教学评价可以说是对教师教学和学生学习情况的一个总结和检测,通过体育教学评价得出的反馈信息,体育教师能以此为依据,制定科学合理的教学方案或计划,同时还能根据即时的评价反馈信息调整教学方案,便于教学活动的开展。

5.教师专业水平不高

目前,我国绝大部分的学校体育教师都属于技术型、训练型的,他们的学科理论水平和科研能力相对较弱,工作随意性较大,创新能力不足,专业水平不足够高,这在一定程度上制约着我国学校体育教育的发展。

(二)学校体育文化建设方面存在的问题

1.学校体育物质文化缺乏相应景观与场所

虽然我国地大物博,有着丰富的体育资源,但是我国也是一个人口大国,平均下来,我国的人均体育资源还是比较匮乏的。以体育资源相对充足的高校来说,有许多高校的体育运动场馆或设施依旧不能完全达到满足体育教学、课外体育活动、运动训练和竞赛、大型体育文化活动的需求。这些看似较为"常规"的内容都是如此，就更不要提一些能够反映学校体育物质文化的人文景观和文化场所的建设了。最为关键的是，据调查发现，我国很多高校不仅缺乏运动场馆、体育雕塑等体育基础设施，而且这些体育基础设施的设计都欠缺美感，缺乏必要的设计元素。

　　受传统教育观念和思想的影响，我国高校的文化资源的投入大都偏向自然学科和工程科学，这从学校图书馆中的藏书类型就可以明确看到，我国绝大多数学校图书馆里的藏书非常多，种类丰富，大部分是与学校重点专业学科相关的书籍。但是与体育有关的书籍却很少，即使有，也是比较陈旧的，尤其是在体育建筑设计与规划方面，基本上千篇一律，很难体现出个性。

　　以美国为例，美国作为一个发达国家，也是世界上一个超级大国，它的大学中一般都建设有 2 ~ 3 个体育馆，其中包括有一至两个综合性场馆，可以开展多种体育运动项目或其他活动，一半以上的大学都有田径馆、游泳馆，经常举办各种比赛。但是我国只是一直在扩招大学生，却没有在师资与场地设施方面加大投资力度，在这样的情况下，学生的体育运动需求无法得到充分的满足，这严重打击了学生学习体育的积极性。尽管有一些学校的体育场馆设施比较完善，但是绝大部分的体育建筑商只注重实用性，而忽略了美感与设计，难以给人耳目一新的感觉。

　　2.学校体育精神文化缺乏人文底蕴

　　学校体育精神文化也是一种非常重要的形态，这一形态对于学生的理想追求、观念转变、道德修养、人格塑造等多方面都会产生极为重要的影响，然而当前我国学校的师生的体育观念仍显落后，普遍性和相对稳定性的集体体育行为风尚尚未形成，另外，这种不足还体现在如体育宣传设施少、宣传方式单一等方面，这需要引起重视。

　　学校体育要想得到进一步的发展，必须要革新旧有的传统体育思想。另外，学校教育理念的变革与学校体育文化管理体制的改革也会影响学校体育文化的形成与发展。校园的强势文化由学校内部的科技文化、组织文化、专业教育文化等集体构成，而弱势文化主要包括艺术文化、体育文化、社科文化等。居于弱势文化地位的体育文化难以促进学校体育精神文化的培育和形成。这种现象严重阻碍着我国学校体育精神文化的发展。

　　发展到现在，虽然我国的体育课程类型还是比较多的，但是关于体育理论选修课方面则显得专业性较差，可选范围较少。平时，学校开展的学术讲座与体育文化没有太大的或直接的关系。在这样的学校环境下，学生很难对体育人文社科方面、体育运动与健康方面的前沿理论知识进行更多的更深入的了解。长此以往,一定会影响学生的体育运动热情,严重打击学生学习体育的积极性,久而久之就会形成一个恶性循环,非常不利于学生的健康发展,也不利于学校体育教育的长远发展。

3. 学校体育制度文化缺乏保障机制

学校体育教育的发展离不开必要的制度文化体系,建立和形成一个完善的学校体育制度文化体系对于学校体育的发展是非常有利的。以高校为例,各大学基本具备国家下发的成文制度,如学生体质健康标准、全国普通高等学校体育教学指导纲要、全国普通高校高水平运动队建设的意见、学校体育工作条例等。从实际上看,这更多是一种理想化的状态,现实中有大量高校在学校体育长远规划、体育组织机构建设等方面并没有形成一个完善的制度体系,学校体育的发展很难得到有效的保障。

综上所述,目前我国很多学校体育文化制度层面的建设大多只在经验层面和理论层面上停留,缺乏具体的实践。再加上大学教育资源和关注点都是在特色专业学科方面,建设学校体育文化困难重重。每一届领导关于学校体育文化建设的理念都会存在差别,因此领导会以自己的理念为主采取相应的政策。由此看来,学校体育文化建设在宏观层面比较缺乏制度的约束与监督,校园中存在领导随意制定政策的现象,这就很难建设完善的学校体育文化体系。如果学校体育缺乏这样有效的制度体系,其发展是很难得到保障的。因此一定要建立一个有效的制度保障机制,确保学校体育制度文化建设工作的顺利进行。

第三节 "体育强国"与学校体育的关系辨析

体育强国与学校体育之间的关系可以说是非常密切的,因此"体育强国"战略的实施离不开学校体育这一重要的基础,而学校体育的建设与发展则有助于推动"体育强国"战略的实施。

一、学校体育是实现体育强国的战略重点

在"体育强国"战略实施的过程中,学校体育在其中扮演着十分重要的角色。学校体育不仅是全面推进素质教育的重要突破口和切入点,同时还是竞技体育和大众体育的重要基础,更是学生实现终身体育教育的

重要途径,对青少年的健康成长产生长远的影响。因此,学校体育的发展是实现体育强国的基础和前提,不断推进学校体育的建设与发展有利于体育强国战略的实施,有利于体育强国目标的实现。

二、学校体育是推动体育强国建设的重要支撑

"体育强国"战略并不仅仅指的是竞技体育,同时还包括群众体育、竞技体育、体育文化等体育综合实力的提升。学校体育的发展是提升体育综合实力的重要途径之一,在体育强国建设中起着至关重要的作用。随着社会经济的迅速发展和人民生活水平的不断提高,人民群众也越来越追求精神需求,注重身体健康,而学校体育以人为本,一切从学生的全面发展出发,培养正确的世界观、人生观、价值观,它的发展直接影响着我国体育的发展,因此推动我国学校体育的建设与发展对于我国体育事业的发展具有重要的影响和意义。

三、实施体育强国战略有利于学校体育的深化与改革

在体育强国思想指导下,学校体育不断改革、创新,以学生健康为第一发展目标,充分调动学生参与体育的积极性,培养学生的体育精神,激发学生的爱国情怀。坚持"健康第一""以人为本"等基本理念,非常有利于学校体育教育的深化与改革,对于学校体育的长远发展是非常有利的。

以上就是"体育强国"战略与学校体育之间的关系,只有充分理解二者之间的关系才能更好地实施"体育强国"战略,才能推动学校体育教育的进一步发展。

第四节 "体育强国"战略下我国学校体育的发展策略

在我国学校体育发展的过程中,还要十分强调与"体育强国"战略的结合,因为"体育强国"战略的内容包含学校体育的发展,不仅如此,学校体育还是体育强国建设的重要基础。因此,加强学校体育的建设与发展对于我国"体育强国"战略的早日实现具有重要的意义。

一、努力提升学生体育的科学认知范围和水平

伴随着现代学校教育的发展,现行的体育课程内容也越来越多,在这样的情况下,提升学生的体育认知水平越来越重要。大量的体育理论知识,如体育属性、体育发展,竞技体育、大众体育、学校体育、休闲体育,体育与其他学科的交叉融合等内容,都应成为课堂讲授的重要部分。通过丰富多样的体育教学内容的传授,能逐步提升学生的体育认知水平。

二、充分发挥体育的教育功能

体育教师在课堂教学中,应有意识地将体育教育功能和目标融入课堂教学内容中。这需要做到以下几点。

第一,将体育的众多功能与作用进行系统梳理,科学论证得出与高校教育目标相关联的内容和精神,作为体育课理论的讲授内容,更作为体育课实践部分的重要目标。

第二,根据目标要求,选取适宜的体育教学内容、方法和手段。

第三,严格控制实际教学过程和课程评价。如在体育课中设立"培养学生的团队合作意识与能力"单元目标,即可通过体育拓展活动或球类团队竞赛的实践教学内容,设计特定的教学情境,辅助相关理论讲解,以及恰当的教学方法等来完成。

三、重视学校体育文化的挖掘与整理

学校体育文化的发展不能仅仅停留于表面,而且还要注重深层次文化的挖掘与整理。通过深层次的挖掘与整理,加深学校体育文化的历史厚度与内涵深度;借助全面、系统的横向地域整理,拓宽高校体育文化的内容界限和形式表现,这些是形成体育思想,凝练体育精神的基础工作。除此之外,学校体育文化的交流也是必不可少的发展手段,同时也是推动社会发展的一个重要形式。另外,为推动我国学校体育的发展,还要加强我国高校与国际高校之间的交流与合作,借鉴先进国家的发展经验,实现共同发展。

四、构建学校体育发展的新格局

（一）加强"常规课程"建设与发展

学校体育中的常规课程主要包括体育课与阳光体育。学校相关部门要严格按照国家课程方案和课程标准开设规定的体育课程，不得削减、挤占体育课时间。鼓励有条件学校可以适当地增加体育课时。要采取课内外一体化发展的形式促进学校体育的发展。还要鼓励体育教师自觉参加各种培训活动，不断提升自身的综合素质。[①]

（二）着重发展"特色体育"

学校中的"特色体育"主要包括校园足球、冰雪运动进校园、各地民族特色体育及传统体育等。在未来的发展中，我们要以特色体育推进为突破口，努力响应国家号召，传承与弘扬地域文化，激发学生学习民族特色体育的兴趣，推动我国传统体育在学校中的推广与发展。

（三）促进"体教融合"

"体教融合"主要是探索普通学校体育与竞技体育的衔接，属于我国体育事业发展的一个重要的突破口。为实现体教融合的目标，我们应当通过体教融合探索发现有体育特长并有进一步发展意愿的学生，搭建适合的上升通道和竞技平台，培养一大批高素质的体育人才。"体教结合"可以说是促进我国学校体育发展，推动"体育强国"建设的一种十分有意义的探索，值得提倡和推广。

---

① 连文冲，任延东. 体育强国建设背景下学校体育新格局的构建研究 [J]. 现代经济信息，2019（19）：416.

第六章　农村体育——"体育强国"战略下体育文化发展的重要力量

　　作为体育亚文化的重要内容,农村体育也是我国"体育强国"建设的重要内容,可以说农村体育也是"体育强国"战略下推动我国体育文化发展的重要力量。目前来看,我国农村体育发展形势不乐观,是体育强国建设中的一个薄弱环节,严重阻碍了体育强国建设的进程。加快推进农村体育改革与发展,为体育强国建设打好根基迫在眉睫。本章主要就"体育强国"战略下我国农村体育的发展进行研究,首先阐述农村体育的基本理论;其次分析我国农村体育发展的现状与存在的问题;再次探讨体育强国与农村体育的关系;最后在"体育强国"战略下提出推动我国农村体育发展的策略与建议,为我国发展农村体育指引方向、提供思路。农村体育是我国体育文化事业的重要内容,通过加强农村体育的发展,能为我国体育文化的发展奠定良好的基础。

第一节　农村体育概述

一、农村体育的概念

　　农村体育是社会体育的组成部分,它是在农村开展的以健身、休闲、娱乐为目的的身体锻炼活动。[①]农村体育具有项目丰富、乡土气息浓厚、多在农闲时间锻炼以及分散锻炼等特征。对农村体育概念的界定是从地理角度出发的,其与城市体育是对应的。农村体育包括主要包括三个部分,分别是农村群众体育、农村竞技体育和农村学校体育。在农村区域内的这三个组成部分相互之间联系密切,而且相互影响,相辅相成。

---

① 　田雨普等.农民体育发展战略研究[M].南京:南京师范大学出版社,2009.

二、农村体育的特点

农村体育是群众体育的重要组成部分,所以群众体育的特征农村体育也具备,如健身性、广泛性、业余性等,除了这些基本特征外,我国农村体育作为农村社会的缩影,还具有自身的特性,具体表现在以下几个方面。

(一)广泛性和艰巨性

农村体育面向的对象是庞大的农村人口,遍布全国各地的数以亿计的农村人口是农村体育的参与主体,因此农村体育具有广泛性。

农村经济条件较差,城乡经济发展水平差距明显,很多农村地区都不具备开展体育活动的基本条件,如场地少,器材单一,缺乏组织,再加上农民文化程度相对较低,村干部对体育重视程度弱,所以面向农民群体开展农村体育活动的任务十分艰巨。

(二)自发性和季节性

农村人口参与体育活动往往是一种自发的没有组织和领导的行为,有些集体性的农村体育活动也是在没有组织和领导的情况下自发开展的。喜欢体育与娱乐的农民相聚在一起,相互感染,临时组队开展体育活动,营造运动氛围,吸引更多的人参与,这种自发开展的农村体育活动具有民间性、广泛性、生动性,自发性的农村体育活动是农村体育发展的重要基础。

农民大都是在农闲时间参加体育活动,在农忙季节主要是种地劳作,偶尔在休息时简单参与一些娱乐性的体育活动,时间上没有连续性,体育活动时间主要集中在农闲季节或重要节日,这反映了农村体育的季节性特征。

(三)随意性和灵活性

现在,农民参加体育锻炼可以根据自己的喜好和需求自由选择参与项目,这体现了农村体育的随意性。这一特征的形成与近年来农村物质生活逐步改善、农民有了较多的闲暇时间、农村人口中年青一代文化水平提升、农村体育活动越来越丰富等因素有关。

农村体育的灵活性特征主要体现在农村体育活动的组织形式上。人们既可以单独进行锻炼,也可以加入群体进行集体锻炼,体育活动即可以由农民自发组织,也可以由专门的机构组织,形式不统一,模式也不固定,这体现了农村体育的多样性。

（四）松散性与单一性

农村体育的松散性主要体现在组织管理方面。随着城乡一体化建设速度的不加快、户籍制度的改革以及人们生活观念的变化,从农村流向城市的劳动力急剧上涨,导致全国各地农村空巢现象普遍存在。留守在农村的一般都是老弱病残等弱势群体,农村流失的人口大都是青壮年,二者对照鲜明。农村人口大量流失使得农村体育设施资源利用率低,农村体育活动的开展存在很大的难度,而且管理起来也不方便,再加上缺乏专门的体育管理人才,所以造成了组织管理松散、管理不当的局面。

农村体育的单一性指的农村开展体育活动所需资金的来源渠道单一。在农村人口出现大规模转移之前,人们自发组织体育活动,以个人捐款、自筹经费等形式支持体育活动的开展,农户们积极参与节日里的体育活动,其乐融融。但农村人口大规模流失后,农村开展体育活动就主要靠政府财政拨款了,单一的经费来源渠道造成了政府的财政压力,也不能满足农村体育发展的需要。

（五）传统性和地域性

许多流行于农村地区的体育项目经过常年的洗礼流传到现在,成为优秀的传统体育文化,如舞龙舞狮、赛龙舟、扭秧歌、扔沙包等。这些传统体育项目在农村地区有庞大的受众群体。

农村体育还具有明显的地域性特征,许多体育活动的地方印记明显,如北方的赛马、南方的龙舟等。此外,农村地区流行的民族传统体育项目更突出体现了农村体育活动的浓厚地域色彩,如比较常见的荡秋千、叼羊、珍珠球、木球、抢花炮等项目。

三、发展农村体育的意义

（一）增强农民体质,促进全民健康

我国发展群众体育最根本的目的是促进人民群众体质健康水平的提高。现阶段,我国人民群众的整体健康水平较低,多项体质健康指标都和欧美人民有差距,有些指标也低于亚洲其他国家的人民。通过发展群众体育来改善国民体质健康现状、促进国民体质健康水平提升的同时要将解决农民体质健康问题高度重视起来。在我国人口结构中,农民所占的比例非常大,国民总体健康水平直接受这一庞大群体健康水平的影响。可以说全民健身中如果没有农民健身就不能称作真正的全民健身,而全民健康如果忽略了农民健康也就不是真正的全民健康。

当前,城乡之间的不平衡发展态势在经济、教育、文化、医疗等方面都有明显的体现,各方面的不平衡造成了城乡居民健康水平和人均寿命的差距,而且农村体育人口的比例远不及城市。因此迫切需要发展农村体育,改善农村人口的体质健康现状和文化生活现状,提高农村人口的健康水平,为全民健康目标的实现奠定基础。

（二）促进农村经济发展

发展农村体育是提高农民体质健康水平的重要路径,农民主要从事农业生产,作为一个重要的劳动力群体,农民的体质水平和体力情况直接影响其在农业生产中的工作效率,进而影响农村经济的发展。所以对农民来说,参加体育锻炼就是一种提高体力劳动效率和农业生产效率的主要动力。此外,农民通过参加体育运动而增强体质后,患病率会降低,医疗支出会相应减少,这也是改善农民生活条件、发展农村经济的一个重要方面。对于患有慢性疾病的农民患者来说,可以通过参加康复性运动锻炼来促进康复,这也是农村体育的一部分。

随着丰富多彩的农村体育活动的兴起,农民的体育需求越来越多元化,体育消费观念也有了变化,体育消费水平不断提升,给农村体育市场的开发与发展带来了积极的影响。近年来,一些经济条件较好的农村大力发展体育产业,农村人口特别是青年人都普遍喜欢经营性体育活动,体育产业逐渐成为农村经济发展的重要推动力。

（三）促进农民素质的提升

农民素质水平较低是导致农村经济落后、农民收入水平低的主要原因之一。在新农村建设中,要重点落实对农民素质的培养和对新型农民的培育工作。在培养与培育过程中要把文化教育和体育教育这两种手段结合起来,促进农民体质的增强和文化素质的提升,使现代农民既有强健的体魄,又有良好的文化素养,发展成为农村现代化建设中的先进主体,这既是社会主义新农村建设的要求,又是城乡一体化改革与发展的要求。

身体强健、文化素养高的新型农民通过发挥自己的主观能动性和重要价值来推动农村现代化建设与发展。

体育不但能够促进农民体质的增强,还能培养农民的公平意识、平等意识、合作意识、竞争意识,培养农民的进取心和持之以恒、坚持不懈的精神,这些都是体育文化的主要内涵,这些意识与精神是新型农民必需的特质。开展丰富多彩的农村体育活动,鼓励农民参与进来,必将促进他们综合素质的提升,使其快速转型成为社会主义现代化建设所需的新型农民、现代农民。

体育这种健康文明、积极向上的生活方式很受现代人推崇,体育还具有社会交往功能,是非常重要的一项社交手段。所以农民参与农村体育活动,不仅可以强身健体,提升精神品质,还能形成积极向上的生活习惯,提升社交能力,提高社会参与度,这对于农民的成长与转型具有重要意义,也能对抵制农村封建文化、改变农村落后文化、改善农村贫困文化起到积极的促进作用。

现阶段,随着生产力水平的提高和农业科技成果的普遍应用,农村农业生产机械化水平大幅度提高,农民渐渐解放双手,有了较多的余暇时间,这为他们参与体育活动提供了可能。在各种有利条件的支持下,应积极开展农村体育活动,活动项目以农民喜闻乐见的为主,并举办一些有组织的农村体育赛事,鼓励农民参与多种形式的体育活动,从而切实提升农民的身体素质、精神品质和文化素养,提升农民的综合素质。

（四）弘扬优良传统，传承体育文化

中华民族在长达五千年的发展历史创造了许多辉煌灿烂的优秀文化,其中就包含绚烂多彩的体育文化。一个民族的物质生活以物质资源为基础,而精神生活则以民族文化为纽带,民族文化渗透于人们的社会生活中,潜移默化地影响着人们的言行,也被人们以自觉或不自觉的方式传承与弘扬,民族文化在增强民族凝聚力,提升民族自尊心和自信心、促进全民族人民团结一致等方面发挥着不可忽视的作用。在民族传统文化的发展历史中,节日欢庆娱乐活动、体育活动是继承这些文化的主要形式,气功、龙狮、秧歌、武术、毽球等根植于农村的传统体育文化在全国各地都很活跃。这些项目具有鲜明的地域性、民族性色彩,是中国传统文化的重要组成部分,能够将中华民族文化的发展轨迹、特征等反映出来。作为民族文化的重要载体,这些项目能够为新体育项目的挖掘和开发提供素材。但是,近些年在西方竞技体育和现代时尚体育的冲击下,民族传统体育的边缘化发展现状越发明显,民族传统体育被冷落,流失惨重。

从文化传承视角而言,推动农村体育发展不但能够促进农村体育文化的繁荣,促进农民文化生活的丰富、生活质量的改善以及文化品位的提升,还能够对传统体育文化予以弘扬和传承,对那些处于消失边缘的传统体育文化予以保护,促进传统体育文化的长远发展。

作为中华民族传统体育文化重要发源地的农村应当自觉承担起传承、弘扬、保护与发展民族传统体育文化的重任,因此要加快推动农村体育的发展,开展形式多样、内容丰富的农村体育活动,对发祥于农村的传统体育文化遗产进行深入挖掘与大力保护,彰显中华民族文化特色,依托特色文化资源打造体育文化精品,将传统体育文化的炎黄色彩、华夏风格充分彰显出来。此外,还要将体育精品的感召力充分发挥出来,面向广大农民进一步普及体育锻炼,带动农村体育的进步,促进农民体质的增强和体育活动能力的提升。民族文化的发展离不开创新,在通过发展农村体育促进传统文化弘扬与传承的过程中,还要创造新的民族传统体育文化发展模式,及时对活动内容进行更新,这将为中华民族体育文化的繁荣发展提供动力源泉,使中华民族优秀的体育文化代代传承、永不枯朽。

第二节　农村体育发展现状与存在问题分析

一、农村体育发展取得的成就

农村体育是体育强国战略下我国体育事业发展的重点和难点,如果农村体育发展不好,那么我国体育事业的发展就会失去基础,体育强国建设也会失去根基,这样是无法顺利从体育大国迈向体育强国,无法真正在国际体育界彰显中国体育之强的。农村也是中国特色社会主义建设的重点和难点,如果农村发展落后,农村体育发展滞后,那么就不会迎来中国特色社会主义体育事业的全面小康局面。因此发展农村体育至关重要。近年来,我国农村体育的发展取得了以下成就。

（一）农民体育锻炼意识不断增强

随着"农民运动会"、农村群众体育赛事的大规模开展,农村的新风貌、新气象得到了充分的展示,这些为农民参与体育锻炼提供了重要机会的体育活动形式有效促进了农民体育锻炼意识的提升。我国在全国各地面向全国人民广泛开展"全民健身宣传周"活动,这一活动在全社会产生的影响力非常广泛,有效带动了农村体育的发展和农民体育健身意识的提高。

"亿万农民健身活动"是我国为发展农村体育、增强农民体质而提出的重要计划,该计划以乡镇为单位予以实施,它的作用在于鼓励农村健身锻炼,促进农民身体素质、道德品质的提高以及健康生活习惯的养成。为了鼓励更多的乡镇积极落实这项活动,我国每两年针对这一活动的开展情况组织一次先进乡镇评比活动,通过发挥先进乡镇的激励、示范、榜样作用,使全国广大农村都积极落实全民健身计划。

此外,近些年"体育三下乡"活动的普及使得农民参与体育锻炼的热潮在全国各地逐渐形成,农民的健身意识不断增强,农村体育活动的开展越来越具有科学性、组织性和实效性。一些地方还提出了定期对农民体质进行监测的计划,体现出政府对农民群众的关怀、对农民健康的关心。

(二)农村体育设施条件有所改善

随着农村经济的发展和城镇一体化进程的加快,农村的体育场地设施条件得到了明显改善,从而为农村体育活动的开展提供了良好的基础条件。东部发达地区的一些乡村建设了现代化高科技的体育场馆设施,体育硬件设施条件基本可以与城市媲美。而对于偏远的经济落后的农村地区,随着"希望工程""雪炭工程"的实施,体育场地设施也得到了一定程度的改善,尤其是学校的体育场地设施条件得到了优化。现在,全国范围内农村体育文化设施正随着"文体设施进乡村"活动的广泛开展而越来越健全和完善,为农村体育的发展提供了基础保障,满足了农民参加体育锻炼的基本需求。

(三)农村体育组织领导工作加强

现在,我国政府在开展农村体育工作方面的领导职能不断强化,县级全民健身领导机构的设置已经非常普遍,许多乡镇的领导或协调机构也已经成立起来。一些地方政府把全民健身工作作为农村社会主义精神文明建设的重要内容之一,并纳入地方国民经济和社会发展规划之中,真正为群众办好事、实事。农村体育工作开展情况每年还会被纳入地方政府年度工作成绩的考核中。①

---

① 朱家新. 新时期农村体育发展理论与实证研究 [M]. 合肥:安徽大学出版社,2007.

（四）农村体育激励机制和竞争机制趋于健全

为表彰和鼓励农村基层开展体育工作的积极性，推动农村体育和全民健身工作的开展，从中央到基层都运用激励竞争机制，这些机制也逐步成了严格的制度。例如，国家体委开展"评选全国体育先进县"活动，以推动农村基层体育活动进入新的发展阶段。评选的主要标准有：党政领导重视、体育机构健全、群体活动普及、训练成绩显著、竞赛形成制度、注重技术推广、建好场地设施、推进体育社会化等，后来又增加了体育产业发展良好等要求。这一评选活动有力地推动了全国各地农村体育事业的发展，特别是建好符合国家标准的公共体育场馆，如"两场（标准田径场、带固定看台灯光球场）、一池（游泳池）、一房（综合训练房）等的要求促进了体育设施建设，使县级体育工作条件有了明显改善。

随着农村城镇化的加速发展，"亿万农民健身活动""先进乡镇评选活动"的开展使农村体育发展受到重视，使农村体育在基层扎根，在广大农村开花，为农民参与体育活动起到了很好的示范、激励和推动作用。通过树立农村体育典型，极大地带动了农村体育的蓬勃发展。

（五）农村体育组织网络初步形成

随着体育社会化程度的不断提高，农村体育组织网络逐步形成，现在初步形成了以体育社会团体为线，以基层体育指导站、体育健身点为点的，覆盖面广的农村群众体育组织网络。[①] 特别是在东部地区，乡村级体育组织更是得到迅速发展，体育人群体协、项目体协、行业体协等体育社团的类型结构基本涵盖了乡村广大农民及其所喜爱的项目，民间体育组织协会更是多种多样，社区体育指导站、活动点也全面铺开。农民身边的体育组织网络的形成充分保障了农民体育活动开展的经常化、组织化、科学化和多样化。

（六）农村体育促进了竞技体育的发展

农村体育是群众体育的基础，群众体育的发展又能推动竞技体育的发展，所以农村体育在促进竞技体育发展方面也有重要意义。我国农村培养出了很多优秀的体育人才，如奥运冠军杨霞、陈艳青、王军霞等，农村"特色体育之乡"也为我国竞技体育源源不断地输送优秀后备人才，为我

---

① 朱家新.新时期农村体育发展理论与实证研究 [M].合肥：安徽大学出版社，2007.

国竞技体育的发展挖掘了重要的人才资源。

二、农村体育发展中存在的主要问题

（一）农村体育人口偏少

体育人口是经济和社会发展到一定历史阶段的体育现象,它是衡量社会体育参与度的一项重要指标,也是社会经济发展程度的一个标志,同时也是制定社会发展规划战略的一个重要依据。有关调查指出,城市体育人口的比例远远高于农村体育人口的比例,农村经常参加体育锻炼的人口较少。而且随着人口老龄化的扩大,农村体育人口比例还会继续下降。

（二）政府部门对农村体育不够重视

农村体育具有明显的随意性,受人为因素的影响较大。如果乡镇领导不关心、不支持体育,体育工作将很难开展。人作为组织管理要素中最活跃、最重要的因素,其发挥的作用举足轻重。农村体育活动需要有人组织,否则就无法开展。有调查证明,在我国部分农村地区存在领导重经济,轻文体,对农村体育重视不够的问题。我国农村体育的发展当前处于起步阶段,解决农村体育经费问题、健全农村体育组织机构、培养体育骨干以及转变和引导农民的体育价值观念等许多工作都需要政府发挥主导作用。① 但是领导的重视程度不够,乡镇干部工作积极性及管理素质较低,限制了农村体育的发展。

（三）农村体育资源配置不合理

新中国成立以来,中国农村经济得到了长足发展。人们对业余文化生活的要求提高了,健身意识也越来越强,但农村的体育健身设施却仍然不能满足人们的需求,有很多地方甚至找不到可健身之处。基本的体育场地和设施是组织体育活动,进行体育锻炼不可缺少的基础条件。当前,体育资源配置不合理是转型期我国体育事业发展的必然现象,在农村体育发展过程中尤为明显。我国现有各类体育场馆资源中由农民所占的资源比例非常少。场地设施的不平衡分布导致除了体育先进县、乡镇的体育设施条件较好外,其他农村地区缺乏甚至没有体育活动场所和设施,学

---

① 奚凤兰,高中玲,杜志娟.生态文明背景下我国农村体育文化建设研究[M].西安:西安交通大学出版社,2017.

校、企业的体育设施单一简陋,年久失修,存在很大的安全隐患。体育场地设施少、质量差的现状极大地制约了农民参与体育活动。

组织体育活动是一项复杂的工程,从宣传发动,到前期筹备,到正式进行,再到总结表彰,都离不开经费的支持。目前,体育经费严重不足是制约农村体育发展的重要瓶颈。导致我国农村体育经费严重不足,场地设施少、质量差的主要原因就是经济因素。经济是社会发展的基础,是群众体育和农村体育发展的基础。农村体育的发展规模、水平和速度很大程度上取决于经济发展水平,取决于经济发展所能为农村体育发展提供的物质条件,取决于经济发展所决定的个人经济状况以及由此而引发的人的观念、思维方式和行为方式的改变。因此,要大力发展农村经济,提高农民生活水平,推动农业发展,从经济上为农村体育发展提供根本保障。

（四）体育观念落后,体育宣传力度较弱

农村生产力落后于城市生产力,人们对余暇时间的支配效率也不及城市居民,农民对体育的理解和认识受传统道德和价值观的影响,日出则作,日落则息,长期体力劳动较大,认为劳动就是体育,缺少自觉参与体育锻炼的意识。这也造成了农民群体体育健身意识淡薄。"干活就是锻炼,不需要再参加体育活动""锻炼身体是城里人的事"的观念在农村普遍存在。因此在农民看来,体育可有可无,参加体育锻炼甚至被人们认为是不务正业。有些农民在空闲时宁可聚在一起打牌,也不愿意抽出时间参加体育锻炼。由于科技文化素质普遍偏低,缺乏对科学文化的认识,农民打发余暇时光的活动不能真正称得上是健康的生活方式。当健康向上、生动有益的活动缺失时,迷信、赌博等严重腐蚀人们精神世界的东西就会乘虚而入,占领拥有广阔天地、本应大有可为的农村体育文化市场。[①]

此外,农村参与体育锻炼需要掌握基本的体育知识,而体育知识除了来自电视中的报道外,主要来源是体育报刊、体育网站。但是,农村的体育舆论宣传工作明显滞后,广大农民群众很少了解社会体育动态、国家体育政策、体育法规。这大大限制了人们享受体育的权利,制约了农村体育的发展。

---

① 吴剑明,石真玉,王薇,等.体育强国构建背景下我国农村体育发展研究[J].哈尔滨体育学院学报,2012,30（03）:23-27.

（五）有组织的体育活动和比赛较少

举办体育活动和体育比赛,不仅给群众提供了亲身参与、体验体育的机会,而且可以起到示范作用,吸引人们参与体育活动。因此,体育比赛不仅是农村体育的重要组成部分,还是提高农村体育整体水平的重要手段。当前,我国农村地区很少举行有组织的体育赛事和其他体育活动。造成农村体育活动和比赛较少的原因有以下几点。

第一,乡镇农村干部和群众对体育的功能缺乏正确认识,而且广大农村地区缺乏体育组织机构和管理人员。

第二,农民居住分散,作息时间也有差异,再加上农村许多青壮年外出务工,留守在家的多是妇女、儿童和老人,要开展有组织的体育活动比较困难。

第三,举办体育赛事需要不少资金,但目前农村体育发展缺乏经费,经费来源渠道单一,不能满足举办体育活动的需要。

（六）农村的体育指导员匮乏

农民的文化素质水平整体偏低,体育知识储备严重不足,在选择体育器材、体育项目、体育锻炼方式以及制定健身计划和运动处方方面表现出一定的盲目性、随意性。要推动农村体育的科学发展,必须要提高农民的基本体育素养,使其知道如何选择与使用常见体育器材,知道如何锻炼才是科学有效的。这就需要体育指导员充分发挥自己的普及与指导作用。社会体育指导员是推动我国体育事业发展、提高人民群众身心健康水平和生活质量、促进中国特色社会主义精神文明建设的重要力量。然而,当前我国大部分农村普遍缺乏既有专业学历又满足岗位要求的社会体育指导员,现有体育指导员不仅少,而且学历水平不高,没有完全符合岗位要求,再加上男女指导员比例差距大(男指导员多,女指导员少),最终导致体育指导员的作用得不到充分发挥,制约了我国农村体育的发展。

导致我国农村体育指导员缺乏的原因主要表现在以下几个方面。

首先,负责管理农村体育工作的领导及普通工作人员很多都不是体育专业出身,而且学历不高,所以他们在实际工作中并不能充分认识体育指导员的重要性及其对农村体育发展的重大影响,因为认识不到位,所以就不会在这方面给予太多的重视。

其次,农村基层体育组织单位与上级体育行政机构之间联系少,上级体育组织单位对农村基层体育的开展情况了解甚少,所以无法对农村体育发展中体育指导员缺乏的问题予以快速解决。

再次,我国初步形成的社会体育指导员培训与管理体制还有很多不完善的地方,在实践运行中存在许多问题,有待进一步规范与完善。

最后,农村生活环境较差,在农村从事体育指导员工作的薪资水平不高,这些都是体育专业毕业生不愿意去基层从事体育服务工作的主要原因。

第三节　"体育强国"与农村体育的关系辨析

一、农村体育在"体育强国"建设中的战略地位

我国是农业大国,在全国总人口中农村人口所占的比例超过70%。我国在实施体育强国战略的进程中,占全国总人口绝大多数的农村人口的体育问题是最重要、最敏感的问题。农村体育是群众体育的基础,搞好农村体育是发展群众体育的关键,而群众体育又是建设体育强国的基础,所以农村体育是体育强国基础的基础。

我国要从体育大国迈向体育强国,不能只发展竞技体育,毕竟竞技体育的参与者只占全国人口的少数,只靠奥运奖牌不足以支持我国向体育强国的迈进,所以还要发展面向全国人民群众的群众体育,只有发展好群众体育,国民体质才能增强,才能为我国发展成为真正的体育强国奠定扎实的基础。同样,发展群众体育不能只注重城市体育的发展,城市人口占全国总人口的比例较少,只靠城市体育不能真正推动群众体育的大规模发展,所以发展好占全国总人口绝大多数比例的农村体育更加重要。只有发展好农村体育,才能打好群众体育发展的根基,从而促进体育强国战略目标的实现。

二、体育强国战略的提出为农村体育的发展带来的机遇

体育强国战略提出之后,我国体育事业的发展目标就明确了,即从体育大国迈进体育强国,这个发展目标是我国体育事业发展的努力方向。建设体育强国,离不开群众体育的发展,群众体育发展水平是对体育强国进行衡量的重要指标之一。体育强国战略为我国群众体育提供了难得的发展机遇和广阔的发展空间。农村体育作为群众体育的一部分,自然也

迎来了新的发展契机。国家为发展农村体育,发展群众体育,进而实现体育强国战略目标,出台了一系列方针政策与法律条例,这为我国农村体育的发展提供了重要指引和重大支持。下面列举一些比较重要的发展举措或政策条例。

第一,国家强调地方政府要重视农村体育场地设施的建设工作,要为农民体育活动的开展提供良好条件,使农民在体育锻炼中增强体质。

第二,为推进中国特色社会主义新农村建设,国家提出农民体育健身工程,并全面实施,有效促进了农村体育的发展,促进了农民体质的增强,同时也促进了农村体育文化建设和农民文明素养、农村文明程度的提升。

第三,国家在城乡一体化建设中强调要平衡发展城市体育与乡村体育,大力支持农村体育活动的开展。

除党中央、国务院采取重要举措和出台重要政策来发展农村体育,为农村体育的发展提供政策支持与方向指引外,国家体育总局也大力支持农村体育事业的发展,将农村体育发展的若干问题列入体育总局的议事日程中,全面实施全民健身计划,有针对性地为农村体育的发展提供支持,真正让广大农民获益匪浅,切实提高农民体质健康水平,延长农民寿命。

第四节 "体育强国"战略下我国农村体育的发展策略

一、构建小城镇、学区、社区和家庭四位一体的农村体育发展新模式

农村体育发展模式指的是为与我国社会主义新农村建设的发展要求相适应,在既定外部发展条件的基础上,通过体育事业内部和外部的一系列结构反映出来的资源利用或发展的途径,对农村体育发展的指导思想、基本原则、目标、内容的理论概括(图6-1)[①]。我国农村体育事业的基本发展模式如图6-2所示。

---

① 刘巍.新农村体育事业发展问题研究[M].北京:中国物资出版社,2009.

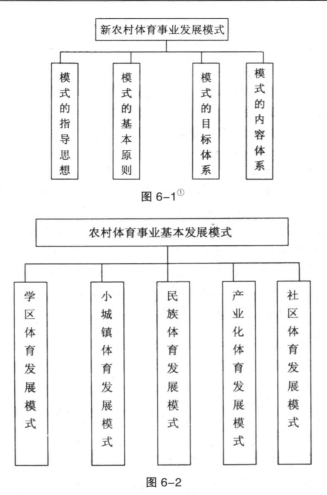

图 6-1[①]

图 6-2

现阶段,我国农村体育事业发展模式存在着资源不统一、全员参与性低、管理静态性等问题,为解决这些问题,在社会转型的关键时期,在新农村发展目标(全民健身服务目标、个体健康目标,农村和谐发展目标,图6-3)的指引下,改革传统模式,对与我国新农村发展目标相适应的体育事业发展新模式进行构建十分必要且重要。小城镇、学区、社区和家庭四位一体的农村体育发展模式就是与新农村发展目标相适应的一种可行模式。

---

① 刘巍 . 新农村体育事业发展问题研究 [M]. 北京:中国物资出版社,2009.

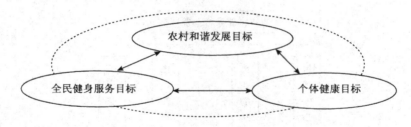

图 6-3

目前来看,社会、社区和学校在为农民提供体育服务方面没有达到高度协调,在新农村体育发展指导思想与目标的指引下,我们应对小城镇、学区、社区和家庭四位一体的多元化农村体育发展新模式进行构建。建立四位一体的多元化发展模式有助于打破各单位在体育服务方面的隔离现状,加强资源整合,有效解决农村体育发展中的问题,使农民体育锻炼和体育教育的需求得到更好的满足。这种多元化发展模式综合了小城镇、学区、社区和家庭的优势,在社会网络大系统中纳入了之前组织分散设立的体育模式,形成了优势互补的格局,使新模式的功能得到了充分发挥,这对农村体育的协调发展意义重大。

(一)建立四位一体化农村体育发展的组织网络

四位一体化农村体育发展模式组织网络如图 6-4 所示。该模式不仅能够使农民体育学习时间的连续性得到保障,而且可以延续农民的学习空间,使体育各部门相互沟通协商,保持大目标和大方向的一致性。此外,政府、社会、学校、家庭都会尽可能给予支持,满足农民的体育文化需求,进一步普及体育文化,提高农民文化生活质量。建立一体化体育组织网络有利于形成体育社会化局面,有助于形成多层次、多渠道、网络化的大体育格局,从而推动农村体育事业的可持续发展。[1]

(二)建立四位一体化农村体育活动内容体系

在多元化农村体育发展模式下,要实现农村体育建设形式的多元化,要开发能够体现农村与农民特点的内容。农村体育活动内容要能够满足农民的体育需要,满足农民的兴趣爱好,要与农村生产生活特点密切相关,既要有武术、秧歌等带有乡土气息的内容,又要有健美操、交谊舞等具有现代气息的活动内容。

---

① 刘巍.新农村体育事业发展问题研究[M].北京:中国物资出版社,2009.

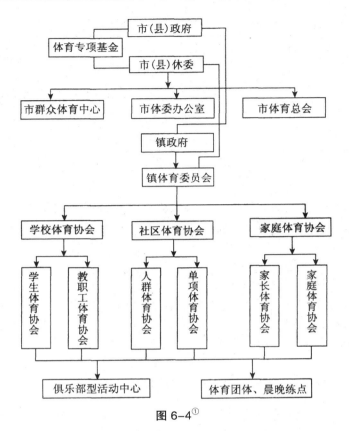

图 6-4[①]

农民对体育活动内容的选择会受到地理位置、气候、经济状况及人们生活习惯的影响。各地政府应从本地具体情况和人民兴趣、需要出发,将当地自然地理优势充分利用开发体育项目资源。东部地区经济条件好,可开展对场地设施要求较高,且需要专业指导的项目(网球、游泳、旱冰、健美操等);在经济发展落后的地区,可以开展经济实用、可操作强、简单易行的项目(散步、跑步等)。西部农村地区应充分利用西部大开发的机遇,整合当地自然资源和民族体育文化资源,在考虑当地地形地貌、气候等自然环境特点的基础上开发特色项目,如登山、攀岩、滑雪、探险、极限运动等,从而满足人们追求健康、刺激的体育需求(表 6-1)。

---

① 刘巍.新农村体育事业发展问题研究[M].北京:中国物资出版社,2009.

表 6-1　不同地区选择体育活动内容 [①]

地区	体育活动内容
东部经济发达地区	散步、跑步等基础活动
	羽毛球、篮球、排球、足球、台球、门球、网球等球类活动
	太极拳、武术、跳绳、气功等民族活动
	体育舞蹈、健美操等形体活动
	登山、游泳、旱冰、钓鱼、滑沙、滑草等休闲活动
中、西部经济欠发达地区	散步、跑步等基础活动
	羽毛球、篮球、排球、足球等球类活动
	跳绳、摔跤、马术、荡秋千等民族民间活动
	棋牌类等静养性活动
	登山、攀岩、探险等刺激性活动

要深入改革与发展农村体育,必须在"农"字上下功夫,树立特色观念,研究与分析农村乡情,开发富有农村地方文化气息的特色项目,从而吸引更多的农民参与体育锻炼。

（三）建立四位一体化农村体育保障体系

为保障四位一体化农村体育发展模式的可持续健康发展,以多元化体育发展的目的为依据,立足于学校体育、小城镇体育、家庭体育、社区体育发展的现状,将以资源和制度保障为条件作为发展思路,可将包括体育服务经费系统、体育设施保障系统、体育服务保障系统、体育人才保障系统及体育制度保障系统等在内的保障体系确定为多元农村体育发展模式体育保障体系(图 6-5)。[②]

上面提到的农村体育保障体系中的五个系统又各自包含自己的子系统,以四位一体化农村体育发展目的为依据划分每个子系统的工作,确立每个子系统的职责与任务,使各个系统之间相互联系、协调配合,相辅相成,从而最大程度地发挥该保障体系的整体功能。

---

① 刘巍.新农村体育事业发展问题研究[M].北京:中国物资出版社,2009.
② 刘巍.新农村体育事业发展问题研究[M].北京:中国物资出版社,2009.

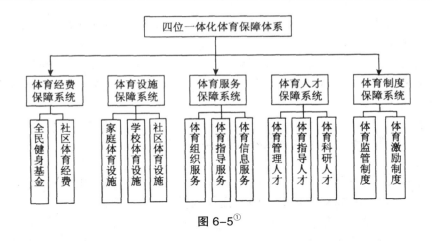

图 6-5[①]

二、拓宽农村体育经费来源渠道

建设农村体育场地设施必须要投入一定额度的资金,除了依靠政府财政投入外,还要面向社会筹集资金,开辟多元的筹资渠道,此外,农民可以自筹经费来贡献自己的力量,但前提下不要增加农民的经济负担。农民不管是投入资金,还是投入劳力,都必须是自愿的,政府要在这方面给予引导,使农民踊跃参与进来。构建稳定的资金筹集机制,开辟新的辅助性、补充性经费来源渠道,要注意以下几方面。

首先,主要还是要依靠政府投入体育经费,这部分经费是农村兴建体育设施的重要保障。各级政府在财政预算和地方建设投资计划中要将体育经费纳入其中,将这部分经费真正用于农村体育事业的发展上。

其次,来自社会的资金筹集渠道主要有企业赞助、体育旅游收入、体育彩票收入、场地租金等,不管是企业是单位,还是个人,在捐款上都应该是自愿的,政府不能强迫,但可以给予鼓励和引导。要重点在农村拓展经费来源渠道,对潜在能量深入挖掘,强化农村的自我造血功能,以农民之力促进农村经济与体育的发展。

再次,在农村体育场地设施建设中,政府发挥主导功能,但要依托乡镇,并将重点定位在"村"上,实事求是,积极响应国家号召,落实国家大政方针,使农民真正感受到身边的体育场地设施是为自己修建的,在农村全面提高体育文化服务水平。

然后,设立专项资金用于建设农村体育场地设施,这类专项配套资金

---

① 刘巍 . 新农村体育事业发展问题研究 [M]. 北京:中国物资出版社,2009.

是否真正专款专用,是否真正造福于农民,各级政府要做好监督工作,避免出现贪污与浪费的现象。

最后,提高体育经费的利用率,在投入资金后将"农民体育健身工程"打造成为真正利国利民的工程,对工程进度和质量定期检查,以了解经费是否落到实处。

三、抓住体育强国战略契机,发展农村体育公共事业

对我国农村体育的发展来说,国家提出的体育强国战略是难得的历史机遇,在这一战略背景下。国家投入大量的财力、物力和人力资源来发展体育事业,所以必须牢牢抓住这个机会和有利条件,加快对农村公共体育服务体系的构建,使城乡体育发展的差距尽可能缩小,促进城乡体育的统筹平衡发展,使城乡公共体育服务一体化的目标尽快实现。

政府部门要严格贯彻"以人为本"的准则,在这一理念与准则下对城乡体育统筹发展的政策与规划确定下来,不管是什么政策,什么规划,都要尽可能保障农民的切实利益,这是农村体育工作开展的出发点,也是最终归宿。在相关政策与规划的落实中,要根据实际情况进行调整,并不断健全与完善现有政策体系与规划,从而使农村体育发展机制与科学发展观、中国特色社会主义核心价值观保持一致。

在农村体育公共事业的发展中,要科学构建公共体育服务体系,并尽可能体现出体系的多元化,在多元化体系中体现出对农民体质健康的重视和对农民文化素质及幸福生活的关注,因为这些都是评价农村体育事业发展水平的重要指标,争取通过发展农村体育不仅使农民健康水平得到提高,也使其文化素质得到提升,使其生活幸福指数得到提升。

四、提高农民的文化素质,强化其健身意识

体育的发展需要体育价值观念的引导,农民参加体育活动的积极性与自觉性直接受其体育价值观的影响。农村人口是推动农村体育事业发展的主要力量,他们的文化素质对农村体育事业的发展高度具有决定性影响。我国农民人口数量占全国总人口一半多,对这一庞大群体的科学文化素质进行培养,促进其文化水平的提高,有助于我国实现由重大人口压力向人力资源优势的转变。为此,地方体育部门要立足农村经济实际而开展体育工作,面向广大农民对科学健身的知识进行普及,普及方式有召开专题讲座、发放科学健身指南、张贴有关健身的宣传海报、发挥电视

等现代媒介的宣传优势,等等。

需要注意的是,采用多元方式宣传科学健身知识的过程中,要将"生活奔小康,身体要健康"的理念体现在实践中,使广大农民真正树立科学的健身观和健康观,充分掌握体育健身常识,熟练基本的体育锻炼方法,促进农民体育健身意识、健身技能的提升,使其对体育健身的价值与功能有深刻的体会与感悟,这对于现代新型农民的培育也有促进意义。

五、解决农村不同人群的体育锻炼问题,提高全体农民的体质健康水平

在构社会主义和谐社会建及建设体育强国进程中,农民群体的体质健康问题尤为重要,提高农民的体质健康水平对于和谐社会建设及体育强国目标的实现具有重要意义。我国在开展农村体育工作中要按照不同群体的实际情况来有针对性地解决实际问题,真正保护农村不同群体参与体育锻炼的权利,切实保障全体农民的体质健康。

具体来说,我们可以从以下几方面解决农村人口的体育锻炼问题。

首先,面对当前大量青壮年从农村流失而造成的普遍性的空巢现象,首要应对措施就是对新的农村体育主体(如妇女、少年儿童、老人以及留守在农村的少量的青壮年)进行培养,这是开展农村体育工作的重要环节。

其次,走出农村、进入城市打工的青壮年是农村人口的重要组成部分,解决这一群体的体育锻炼问题非常重要。对此,可根据这一群体的生活习惯、作息时间、兴趣爱好来开展形式多样的体育活动,如体育赛事、体育表演、体育娱乐节目等。使农民工在参与和欣赏这些活动的过程中强身健体、愉悦身心,消除他们出门在外的孤独感和漂泊感,强化其对农村的归属感,使其有所成就后回到家乡造福村民,为家乡经济贡献力量。

最后,对于农村留守儿童的体育锻炼问题要给予特别关注。在农村人口流动频繁的今天,留守儿童已成为广受各界关注的社会现象与问题,正确对待这一现象,处理好这一现象带来的种种问题,将关系到祖国下一代的成长与成才。解决留守儿童的问题,首先就是解决他们的健康问题,所以社会与学校要共同努力为留守儿童参加体育锻炼提供良好的条件与机会,在农村体育工作规划中将留守儿童的健康问题放到重要位置,通过举办丰富多彩的体育活动来提高儿童的身心健康水平,消除儿童的孤独感,弥补儿童很少享受到的亲情依附和亲子教育。此外,这对于提高农村留守儿童的表现力、自信心也有重要意义,可以改善留守儿童中普遍存在的自闭、孤僻、冷漠等性格问题,促进农村下一代的健康成长。

六、因地制宜开展农村体育活动，突出乡土文化色彩与地方特色

开展农村体育工作，促进农村体育的发展，农民的需求是首要考虑因素。我国地域辽阔，在地理环境的影响下各地体育文化的区域性特征十分突出，所以必须在"以农为本"的理念下和科学发展观的指导下，在区域的土壤中（农村）扎根来发展农村体育，体现区域特色和农村特点，使农村体育真正亲近农民，给农民带来便利和福利。

开展农村体育活动要坚持因地制宜原则，要将农村地区的特色和文化气息彰显出来，具体要从以下几方面开展工作。

第一，对农村的民族体育文化进行深入挖掘、科学开发、归纳整理以及全面推广，如风筝、陀螺、秋千、摔跤等民族特征鲜明的项目和龙狮、龙舟、秧歌等地方特色突出的项目。

第二，走"引进来"之路，传播现代时尚多元的体育文化，使其慢慢在农民的日常生活中渗透，吸引与鼓励农民参与瑜伽、街舞、游泳等现代时尚流行的体育运动。

第三，以钓鱼、搬沙包、抛掷秧苗、插秧等这类与农民生活密切相关的接地气的活动为主题而开展娱乐性体育赛事，使农民在劳作中感受体育活动的乐趣，劳逸结合。

不管是开展什么类型的体育活动，都要以农民为本，首先考虑农民的健康和利益，使农民体会到农村体育是为民服务的，从而提高其参与和配合的积极性与自觉性。

七、将农家乐文化与体育旅游结合起来，促进农村体育产业的发展

农家乐休闲体育是农村地区结合农家乐，开展的一种集休闲、娱乐与体育运动为一体的休闲体育活动形式。我国对农家乐休闲体育的研究比较晚，虽然近几年的研究成果逐渐增多，但主要还是理论层面的研究居多。农家乐旅游中休闲体育项目的开发，有助于促进地区农家乐旅游可持续发展，能够更好地发挥农家乐旅游在调整农村产业结构、促进农村经济发展中的作用。因此，农村休闲体育的发展成为体育自身和农村体育文化发展的迫切需要。[①]

下面分析农家乐文化与休闲体育旅游相结合的具体对策。

---

① 奚凤兰，高中玲，杜志娟.生态文明背景下我国农村体育文化建设研究[M].西安：西安交通大学出版社，2017.

（一）合理配置资源

在农家旅游带周围对功能齐全的配套性体育活动场所进行建设，体育活动场所应突出现代化特点，同时还要展现出农家民风民俗，展现农村淳朴自然的一面，从而满足游客对体育服务的多种需求。这种模式的主体依然是农家乐旅游，休闲体育是一个重要的补充性服务内容，可以使农家乐旅游更加丰富一些。这种模式追求时尚、新潮、刺激的活动内容，旨在将游客参与的积极性与热情成功调动起来。

（二）根据游客的要求优化产品开发水平，创建旅游品牌

现代社会人们的需求越来越多元化，为满足不同人群的不同需求，农家乐旅游在开发休闲体育项目时可根据自身的地理位置、环境等实际情况，尝试性开展多种旅游项目。同时还可针对不同季节推出一些娱乐性、独特性的特色项目，力争塑造精品，形成特色，逐步培养起影响广泛的名牌旅游。

（三）依托民族传统节日开发休闲体育活动

传统节日是我国灿烂文化的长期积淀，反映了我国的传统习俗和道德观念，是中华民族优秀文化的精髓。而形式多样的民族传统节日在人们的生活中发挥着重要作用，也是人们日常生活方式的重要组成部分。随着我国城市化发展进程的加快，人们的生活节奏加快，很多人都将传统节日淡忘了。

由于农村较为封闭，在现代化进程中受市场经济和外来文化冲击较小，因而对这些传统节日的保留比较完整。城市居民在进行农家乐旅游时，也希望通过旅游教育下一代记住中国传统文化，因此开发农家乐旅游，应依托各种传统节日和乡土风俗，开展各种民俗活动旅游，让游客亲自参与这些活动。

促进休闲体育与农家乐旅游的结合，走文化旅游、健康旅游、多彩旅游之路。将一些科学的、有益的休闲体育运动项目融入农家乐旅游当中，使二者有机结合起来，促进农村体育的长足发展。

第七章　体育文化产业化发展——体育文化软实力提升的路径

体育文化产业,是指为社会提供体育文化产品的同一类经济活动的集合以及同类经济部门的总和。体育文化产业同时具有体育事业和体育产业的属性。在新的时代背景下,体育文化产业成为体育产业的重要组成部分,与人们的日常生活息息相关,加强体育文化的产业化发展具有重要的历史意义。另外,体育文化的产业化发展也是促进我国体育文化软实力提升的重要路径。因此,在"体育强国"战略背景下,加强我国体育文化的产业化发展至关重要。

第一节　体育产业与体育文化产业

一、体育产业

(一)体育产业的概念与属性

1.体育产业的概念

随着时代的不断发展,体育产业进入了一个快速发展的轨道,关于体育产业理论及发展的研究也越来越多,并呈现出专业化的趋势。关于体育产业概念的研究历来是一个研究的热点,不同的专家及学者都持有不同的见解。下面主要阐述国内外相关专家及学者对体育产业概念的见解与看法。

(1)国外对体育产业概念的界定

据调查发现,国外大部分的学者对于体育产业概念的研究主要集中于体育产业内涵和外延这两个方面,在这两个方面他们也都持有不同的观点和见解。国外绝大部分专家及学者都注重于体育产业研究的可行性方面,既注重产业理论方面的研究,也强调体育产业的具体操作上。总体来看,与国内相比,他们对体育产业概念的研究比较全面和具体,能够深入研究体育产业的各个要素及相关层面,能够得出相对客观的研究结果。

（2）国内专家学者对体育产业概念的界定

由于我国体育产业发展的时间较晚,因此与国外体育产业研究相比,其研究内容还不是很丰富。我国诸位专家及学者对于体育产业概念的见解主要包括以下几个方面。

①体育产业不是历来就有的,它是伴随着时代的发展而出现的,属于时代发展的产物,属于市场经济发展的产物。体育产业是指进入市场实行商业化经营的体育活动范畴。体育产业的内容比较丰富,其中运动训练、运动竞赛、运动健身和体育人才培训等都是体育产业的重要组成部分,构成了体育产业体系。

②体育产业是指与体育运动相关联的一切生产经营活动。具体来说,社会上存在的各种体育服务和劳动等都属于体育产业的内容,这些内容的发展和完善对体育产业市场体系的建立起着至关重要的作用。

③体育产业是指与体育活动密切相关的一种产业形式,体育系统组织的各种商业活动都属于这一类内容。

④体育产业属于第三产业的内容,其在国民经济的发展中扮演着十分重要的角色,成为推动当今社会经济发展的重要力量。

综上所述,我国大部分专家及学者都倾向于从整体上来把握和研究体育产业的概念,关于体育产业概念的描述大都停留在表面,缺乏深层次的研究。这与国外专家关于体育产业的研究存在着一定的差距。

2. 体育产业的属性

关于体育产业的属性也是除体育产业概念研究外一个重要的研究课题。在分析体育产业的属性之前,我们首先就要搞清楚什么是体育产业的价值内核,因为这直接决定着体育产业的生存与发展。在现代市场经济发展的背景下,体育产业可以说是属于第三产业部门,属于这一产业部门中的现代娱乐业。在休闲社会的今天,体育产业拥有着良好的发展前景。

需要注意的是,在体育产业体系中,一些实物产品如体育器材、体育设备等,这些内容是否属于体育产业,要从多方面去分析。首先,这些实物性产品都是围绕着各种各样的体育活动开展的,在一定程度上反映了体育产业的本质;其次,判定这些实物性产品是否属于体育产业的关键还在于使用此种产品的意图和此种产品的最终市场。人们参与这些产品消费的根本意图是参加体育活动,其最终的市场也属于体育消费市场。因此,这些实物性产品可以归为体育产业的范畴。

（二）体育产业的起源、形成与发展

1. 体育产业的起源

体育产业的产生与发展需要有一个过程,体育产业的出现可以说是伴随着社会生产力的不断提高而产生和发展的。18世纪60年代,起源于英国的产业革命促进了生产机械化的提高和劳动力的释放。这一时期出现了大量的体育俱乐部,这为体育产业的产生奠定了必要的基础。因此可以说,英国是体育产业最早的发源地。

伴随着时代的不断发展,体育产业也得到了进一步的传播与发展。除英国外,美国也很早就开始了体育产业化进程。19世纪初,美国按照英国人的模式来建立体育俱乐部显然是不可能的。因此,美国人发明了营利性俱乐部的运作方式。这种俱乐部模式主要是按商业方式来经营,同时又制定相应的规划来发展发联赛市场,进行联盟垄断经营。在这样的背景下,美国的棒球、篮球等运动获得了极为迅速的发展,其产业化水平水涨船高,极大地推动了社会经济的发展。

2. 体育产业的形成

进入20世纪50年代后,西方诸多国家的经济水平得到了迅速的发展,人们的生活水平不断提高。在这样的背景下,竞技体育、职业体育、大众体育等获得了快速的发展,体育产业的地位得以迅速提升。

伴随着体育产业传播范围的逐步扩大,世界上各个国家的体育产业开始获得迅速发展。以美国为例,美国在借鉴英国发展模式及经验的基础上,建立了职业体育联盟,在此推动下,体育产业开始向着市场化、商业化和产业化方向迈进。联盟体制是指职业队的业主们为追求自身利益的最大化,把经营权委托给一些专家,让他们代表自己的利益来对联盟进行经营和管理的一种制度。这一制度其实质是通过垄断经营来获得最大利益,它是体育产业化发展的重要内容。

伴随着时代的不断发展,体育产业以前所未有的速度发展着。在20世纪,西方国家都形成了俱乐部经营体制,欧洲俱乐部大多是"自营模式",而北美职业俱乐部则是部分垄断经营的"自营和代理"模式。这两种模式在当时都是比较先进的体育产业模式,对推动体育产业的发展起到了非常重要的作用。

体育产业获得不断发展的原因是多方面的,其中竞技体育的职业化发展,大众体育的兴起与推动是两个非常重要的因素。但需要注意的是,那时候的体育产业还不是真正意义上的体育产业。直到 20 世纪中叶,体育健身娱乐消费才冲破种种局限,实现了平民化和生活化,大众体育才有了产业地位。而后来的健身娱乐业后来居上,不论是规模还是产值都超过了之前的竞赛表演业,从而成为真正意义上的体育产业。在这之后,体育产业的发展步伐更加迅速,产业市场逐渐形成并获得快速发展。

3. 体育产业的发展

（1）体育产业的规模

伴随着社会的不断发展,人们对体育的需求欲望也越来越强烈,在这样的情况下,体育产业具备了巨大的发展潜力。在一些发达国家,体育产业在国民经济中的地位越来越高,逐渐成为一个新兴的发展迅速的产业。以美国为例,美国的体育产业在产业规模、产业结构、产业效率与水平等方面的发展都远远高于世界上其他国家。尤其是在 1984 年洛杉矶奥运会上,美国创造了奥运会商业化运作的先河,获得了非常大的成功。

在 20 世纪末,美国体育产业经济迅速发展,生产总值达到 1520 亿美元,在国民经济中的地位得到了迅速的提高。其人均体育产业总值为 478 美元,高于法律服务和保险产业,并且也高于机动车与设备制造业、汽车休息和服务业年产值的总和,体育产业成为推动国家社会经济的重要力量。

在西方其他国家中,加拿大体育产业年产值达到 89 亿美元,占 GDP 的 1.1%;瑞典占 3.3%;德国占 1.25%;西班牙占 1.68%;法国占 1.09%,这些都充分说明,体育产业正成为国家国民经济的重要推动力量,在国民经济中占据着至关重要的地位。

（2）体育产业部门方面

伴随着体育产业化水平的日益提升,体育产业的门类也越来越多,在众多的产业门类中,健身娱乐业和竞赛表演业占据着非常重要的地位,是体育产业的重要内容和主体,在体育产业发展的过程中发挥着极为重要的作用。

（3）全球化、集约化和多元化趋势明显

随着全球一体化及产业化市场的逐步发展,各种类型的跨国体育企业开始发展起来。如现今知名度非常高的耐克、阿迪达斯等都已形成了规模庞大的跨国公司,其经营规模向着多样化、集团化和连锁式方向发展,这成为体育产业发展的一大趋势。

（4）体育产业进入资本市场

在现代社会背景下，体育经济获得了非常迅速的发展。最初，欧洲国家以足球俱乐部股份为先导，逐步进入了资本市场。1997年起，有19家足球俱乐部在英国股票市场正式挂牌上市。金融机构对体育产业的渗透也进入了一个新的发展阶段。英国投资公司是最早插手足球领域的金融投资机构，它分别收购了杰克布拉格斯拉威尔、希腊雅典AEK、意大利维琴察和苏格兰流浪者队的一部分股份，为的是建立健全的体育俱乐部，实现尽可能大的经济利益。

（5）体育产业的市场机制

体育产业系统非常复杂，可以说它是一个复合体，这一复合体主要以市场为导向，遵循经济规律来运作。但是在具体的发展方面，各个国家都有所不同。如意大利是以"足球产业"为主，日本和德国以体育用品为主，法国以健身娱乐业为主，北欧等国则以体育旅游业为主。这些国家的体育部门都非常重视大众体育消费，明白大众体育消费对体育产业发展的重要性。随着时间的不断发展，体育产业在国民经济中的地位越来越重要，对推动国民经济的发展起到了非常重要的作用。世界上各个国家都非常重视体育产业的发展，因此体育产业市场的前景非常广阔。

（三）我国体育产业的发展情况

1. 我国体育产业发展的整体规模

我国政府部门历来就比较重视我国体育事业的发展，通过很长一段时间的发展，我国体育事业有了长足的发展和进步。据调查，2016年我国体育产业总规模达1.9万亿元，较2015年增长11.1%；产业增加值6475亿元，增长17.8%，产业增加值占同期GDP的比重达0.9%。总体来看，体育用品和相关产品制造的总产出和增加值最大，分别为11962.1亿元和2863.9亿元，占体育产业总产出和增加值的比重分别为62.9%和44.2%。

在体育产业市场体系中，体育服务业是一个重要的组成部分。相关数据表明，其总产出为6827.0亿元，占体育产业总产出的比重为35.9%，与2015年相比增加值为3560.7亿元，占体育产业增加值比重从2015年的49.2%提高到55.0%。对于体育健身休闲产业而言，总产出和增加值增速均超过30%，竞赛表演业总产出增长24.52%，体育产业机构数量年增长率达21.7%，从业人数达440余万人，消费规模接近万亿。由此可见，我国的体育健身娱乐业有着良好的发展前景。

伴随着体育运动的发展,目前我国的体育产业初具规模,已初步形成了以竞赛表演和健身休闲为驱动,体育用品业为保障,体育场馆、体育培训、体育中介、体育传媒等行业发展的整体格局,这些体育产业的发展速度非常之快,甚至超过了近年来我国的经济增速,成为国民经济的新的增长点,因此,我们要加大体育产业的投入力度,促进其更加快速健康的发展。

2.我国体育产业的结构发展现状

体育产业结构是否良好将对体育产业的整体发展产生重要的影响,当前我国体育用品占我国整个体育产业的80%,是我国产业发展的主要支撑。而处于产业核心层的体育服务业占比却不到20%。导致这一现状的主要原因在于我国体育产业市场化程度太低,没有形成一个完善的监管机制,国内职业体育发展还很不成熟,在社会上的影响力也较小。众所周知,体育服务业的健康发展需要建立在具有一定影响力的赛事基础上,如果没有大型的体育赛事做支撑,体育服务业就难以获得理想的发展。以中超为例,虽然近年来我国各中超俱乐部通过加大投入吸引了大量的高水平运动员,但是总体来看,影响力还是比较有限,在观众覆盖率、观众忠诚度,观众消费能力等方面与国外足球发达国家的足球联赛相比仍存在着较大的差距。由此可见,提升体育赛事的影响力,打造名牌体育赛事就成为推动我国体育服务业发展的重要手段。以美国为例,美国的体育服务业占体育产业的57%,这与其拥有众多的体育品牌赛事是分不开的。

综上所述,在我国体育产业今后的发展中,我们要加大体育产业的投入力度,调整体育产业结构,力争打造具有世界影响力的体育赛事,让世人充分认识到我国体育产业发展的动力和活力,从而逐步缩小与体育产业发达国家之间的差距。

3.我国居民体育消费水平现状

在当前人们生活水平日益提升的情况下,人们参与体育消费的能力越来越高,体育消费占日常生活消费的比重也呈逐渐加大趋势。但是,与发达国家相比,我国居民的体育消费水平还不是很高,这也说明具有较大的提升空间。据调查,2013年美国的人均体育消费为620美元,是中国同期数据的六倍之多,而发展到2017年美国的人均体育消费已超过1000美元。由此可见,我国居民的体育消费还处于一个较低的水平,总体来看,导致我国居民体育消费水平不高的原因主要有居民体育消费意识不强、体育产品的开发与推广不足等因素,这需要引起重视。

4. 我国体育场馆建设情况

据第六次全国体育场地普查数据公报显示,截至 2013 年 12 月 31 日,全国共有体育场地 169.46 万个,用地面积 39.82 亿平方米,建筑面积 2.59 亿平方米,场地面积 19.92 亿平方米。其中,室内体育场地 16.91 万个,场地面积 0.62 亿平方米;室外体育场地 152.55 万个,场地面积 19.30 亿平方米。

以 2013 年末全国大陆总人口 13.61 亿人计算,平均每万人拥有体育场地 12.45 个,人均体育场地面积 1.46 平方米。不论是体育场地的总体数量,还是人均体育场地面积,我国与国外发达国家相比都存在着不小的差距,体育场地与场馆建设的不利直接影响和制约了我国居民体育运动的参与,对于我国体育产业的发展是非常不利的。

因此,我国政府及体育部门在今后要根据我国的具体实际加大体育场馆的建设力度,力争建设一大批高质量的体育场地或场馆,为人们参加体育运动提供良好的物质保障。

5. 我国体育产业相关法律的立法

在我国体育事业日益发展的背景下,目前我国政府体育行政部门正逐步改变旧有的完全由政府主导的形式,对社会企事业单位、社会团体以及个人兴办体育给予了高度重视,这极大地完善了我国体育事业发展的形式,对于我国体育事业的长远发展是比较有利的。为保证体育事业的健康发展,必须要高度重视体育产业的立法工作。

为保证人民的体育权利,1995 年,我国政府颁布了《中华人民共和国体育法》,为人们公平、平等地参加体育运动提供了重要的法律依据。

2010 年,国务院办公厅发布《关于加快发展体育产业的指导意见》,该意见主张大力兴建体育场地与设施,加大投融资力度,鼓励境外和民间资本投资体育产业,以促进我国体育产业的快速发展。

2011 年,为培养一批具有影响力的体育企业,国家体育总局发布了《体育产业"十二五"规划》,该规划提出来在几年的时间内打造富有中国特色的体育品牌,不断促进我国体育产业的区域化发展,以先进带动后进,增强我国体育优势品牌在世界上的影响力。

2014 年,我国国务院、体育总局等陆续发布一系列政策或文件,如《国务院关于加快发展体育产业促进体育消费的若干意见》《关于推进体育赛事审批制度改革的若干意见》等,这些政策和文件的发布,指明了我国体育产业存在的问题及发展方向,为我国体育产业的健康持续发展提供了良好的制度保障。

2015年,国家统计局制定了《国家体育产业统计分类》文件,对我国体育产业进行了重新分类,该分类将体育产业划分为11个大类、37个中类、52个小类。这一分类方法是目前我国关于体育产业分类最为权威的划分标准,这一标准的制定是符合体育产业发展现状的,对于我国体育产业的规范化和标准化发展具有重要的意义。

体育产业的健康发展需要有一定的法律制度作为基础保障,因此相关部门必须要加强体育立法的工作,从而保证体育产业市场的发展有法可依,从而获得健康有序发展。

可以说,体育法制体系建设属于一个庞大的工程,涉及各方面的环节,在各个环节中,立法是一个极为重要的环节。目前,我国的体育立法建设发展的比较缓慢,与体育产业市场的发展节奏是不一致的,这对于我国体育产业市场的建设与完善是非常不利的。因此,在体育产业未来的发展中,我国政府部门一定要重视体育立法工作,这样才能为体育产业的发展提供重要的保障。

综上所述,近些年来我国政府相关部门颁布了一系列有利于体育产业发展的政策与文件,这为我国体育产业的发展提供了良好的制度保障,同时也保证了人们参与体育消费的权利极大地推动了我国体育产业的发展。

6. 体育产业成为促进消费的新生力量

目前,体育产业在我国国民经济中占据着非常重要的地位,其生产总值占国民生产总值的比例越来越大,影响力也覆盖社会各个层面。发展至今,可以说体育产业已成为推动居民消费、扩大内需的重要力量。国家政府部门纷纷采取一定的措施与手段促进体育产业的发展。

在现代生活背景下,人们在解决了自己的温饱后,开始注重生活质量的提高,在这样的形势下,体育以其独特的特点和优势深深吸引着热爱健康和运动的人们,人们的体育消费观念得到了扭转,体育消费意识不断增强,体育已成为人们重要的生活方式。

当前,我国体育人口呈不断增加趋势。在居民生活水平日益改善和提高的背景下,人们的体育消费水平也逐渐升高,这极大地促进了体育消费市场的繁荣与发展。

当前世界呈现出和平与发展的态势,而我国的国内环境又非常好,这就为我国体育产业的发展创造了一个良好的环境。国家也加强了体育基础设施的建设,为人们参与体育活动提供了极大的便利。另外,我国政府部门也相继颁布了大量的关于体育事业、体育产业等方面的政策与文件,为人们参与体育活动提供了重要的制度保障。在这样的形势下,体育产业拥有了广阔的发展前景。

伴随着时代的不断发展,世界各国、各地区之间的联系日益密切,全球一体化的趋势更加明显,我国体育产业只有不断加强与世界各国之间的沟通与交流,提高体育产业的知识含量,调整体育产业结构,逐步提升我国体育产业在世界上的影响力。

(四)体育产业的发展前景

1.体育产业制度日益多元化

体育可以说是一个多功能复合体,如健身功能、政治功能、经济功能等都是其重要的内容。在我国体育运动发展的初期,体育运动的一个主要功能就是政治功能,体育部门都将为国争光放在最为重要的位置。以中国女排为例,中国女排曾经在这一时期创造了世界大赛"五连冠"的傲人成绩,令世人瞩目,在这样的形势下,举国上下开始学习女排精神,中国女排成为顽强拼搏、勇于战斗的代名词,在这一时期,体育的政治功能非常明显。通过体育活动,人们能受到强烈的爱国教育和文化教育。在这一时期,体育文化成为社会主义现代化建设的动力之一。

在我国社会主义市场经济不断发展的背景下,为适应市场经济发展的要求,我国进行了体育体制的改革,通过一定的调整与改革,我国体育产业开始探索商业化的发展模式也涉足于体育产业,现如今越来越多的体育明星出现在大众视野之中,商业体育模式能更好地帮助人们认识竞技体育的本质,能促使人们亲身参与其中。这对于体育产业的健康发展具有非常重要的意义。

2.体育产业逐步与国际体育产业接轨

我国体育产业的起步较晚,与西方体育产业发达国家相比还存在着不小的差距。目前我国的体育产业仍然处于一个初级发展阶段,要想建立一个完善的产业市场,还有一段很长的路要走。在改革开放发展的初期,我国体育运动发展形势比较严峻,在各方面都没有获得大的提升,体育明星更是屈指可数,像李宁、郎平等这样的体育明星非常少。而这一时期国外体育明星在我国的认知度也不是很高,但随着西方竞技体育的发展,其影响力逐步加大。近些年来,我国加强了与世界体育强国之间的互动与交流,汲取了西方体育产业强国的先进经验并结合我国自身的特色,实现了快速的发展和进步。

3.体育产业物质层面逐渐大众化

伴随着社会经济的不断发展,人们参与体育活动的欲望也越来越强烈。在这样的情况下,体育产业市场规模逐步扩大,一部分接受新鲜事物能力较强的群体率先投入体育运动锻炼之中,推动了体育产业的发展。随着近些年来我国体育物质需求的缺口日渐扩大,这使得体育产业化进程逐步加快。人们在平时的运动锻炼中,会花费一定的资金去购买各种体育器材和用品,这促使体育消费市场越来越大。除此之外,外来文化的不断涌入,也使得诸多大众体育器材设施走入人们的生活,出现了众多的体育用品生产企业,从中获取了良好的经济效益。由此可见,伴随着体育产业的不断发展,人们参与体育消费的欲望也越来越强,这为体育产业市场的发展创造了良好的基础。

4.体育产业科技日趋先进,网络体育产业突起

如今已进入一个信息化时代,互联网获得了极为迅速的发展。人们在网上观看各种体育比赛已成为家常便饭,体育产业经营者也利用网络销售手段来推销自己的产品或服务。大量的体育科技游戏逐渐进入人们的视野,丰富了人们的业余文化生活。网络体育产业营销途径比以往更为迅捷和有效率,可以说,如今体育管理网络化、体育信息搜集网络化等极大地推动了体育产业的进一步发展,在这样的背景下,体育产业市场逐步完善,产业发展水平迅速提升。

二、体育文化产业

(一)体育文化产业的概念

发展到现在,体育文化在社会上的影响力与日俱增,在市场经济背景下,体育文化也逐渐形成了一个相对健全的产业体系。体育文化产业,是指为社会提供体育文化产品的同一类经济活动的集合以及同类经济部门的总和。所谓的体育产品主要包括体育用品与体育服务两个部分。这里的经济部门在我国现阶段不仅包括社会上的各种企业,而且还包括各种从事经营性活动的其他机构,如事业单位、社会团体等。[1] 这些部门对于体育文化产业的发展都能起到重要的推动作用,因此在发展的过程中需要引起高度重视。

---

[1] 许正林.我国体育文化产业发展现状与前景[J].体育科研,2005(6).

伴随着时代的发展,我国的体育文化产业也获得了一定程度的发展,与西方体育发达国家之间的差距比较明显,还需要今后进一步的发展。我国的体育文化产业是在"体育事业"的基础上发展起来的,表现在各方面都具有"体育事业"与"体育产业"的双重属性。在社会主义市场经济发展的背景下,在党和国家领导人的支持下,我国的体育事业获得了极为迅速的发展,传统观念中的一部分体育事业正在转化为体育文化产业,人们常常把政府体育行政部门管辖下的这类产业认为是体育产业,这是对体育产业的狭义理解。而广义的体育文化产业,是指为社会提供体育文化产品的同一类经济活动的集合以及同类经济部门的总和。①

（二）体育文化产业的分类

关于体育文化产业的分类,各个学者及专家都有不同的见解。划分标准不同,其分类也不同。在我国,很多学者把文化产业系统划分为教育产业、智力产业、高新技术产业、媒体产业、艺术产业和休闲产业六大门类,这几个门类的发展情况如何将对我国体育产业的发展产生非常重要的影响。②下面就重点分析一下体育文化产业中的重点门类。

1.体育文化产业的几大门类

（1）体育教育产业

体育教育产业是指集中一切可以利用的教学资源,实行多元化投资、经营、受益,以满足社会和大众不断增长的体育需求。体育教育产业发展的主要目的在于获得尽可能多的经济效益,同时也不要忽略了社会效益。在具体的活动中,相关的工作人员一定要严格按照教育规律和经济规律办事,加强物力资源、人力资源和财力资源等多方面的投入,实现最大化的利益。总之,体育教育产业是体育文化产业系统的基础性产业,需要大力扶持。

（2）体育智力产业

体育智力产业是指从事体育科研的机构以及各种提供智囊、决策、信息咨询、学术观点等与体育相关的服务机构。这些产业机构的工作人员依靠自身的知识储备与积累的经验来获取精神财富和物质财富。这就是体育智力产业的精髓所在。这一产业部门对于体育文化产业的发展能产生重要的推动作用。

① 许正林.我国体育文化产业发展现状与前景[J].体育科研,2005（6）.
② 张文革,张四清.论体育文化的产业化[J].山东体育科技,2006（1）.

（3）体育媒体产业

伴随着体育产业的发展,出现了大量的体育赛事或相关的商业活动,在这样的情况下,体育媒体产业也逐渐形成一定的规模并获得了不错的发展。一般来说,体育媒体产业主要包括专门从事体育报道以及所有与体育相关的媒体文化产业。通常情况下,可以划分为报刊、图书、电视、电影、互联网和音像制品业等,这是当今体育媒体产业的几种主要的形式,通过这几个途径的利用,体育文化能得到很好的传播与发展。

总之,伴随着体育产业市场的不断发展,体育媒体产业也逐渐形成并进入了一个快速发展的轨道。体育媒体产业可以说是体育文化发展的重要中介,在这一中介的引领下,体育文化能得到迅速有效的传播与发展。可以说,体育媒体产业在体育文化发展的过程中扮演着十分重要的角色,其产业化水平直接影响其他产业门类的发展,因此在今后一定要引起重视。

（4）体育休闲产业

一般来说,体育休闲产业主要包括体育旅游休闲、体育娱乐休闲、体育健身休闲等几个方面的产业内容。这几项内容都属于体育产业的重要组成部分,也是当前时代背景下我国体育文化发展的重要推动力量。其它能很好地满足人民群众的体育文化需求和参与体育运动的需求,能帮助人们有效增强自己的身体素质,提高其适应社会的能力。

2. 体育文化产业的具体内容

一般来说,体育文化产业主要包括以下几个方面的内容(表7-1)。

表7-1　体育文化产业的具体内容

产业门类	具体内容
体育本体产业	以发挥体育自身价值和功能的、以提供体育服务为主的各种生产经营活动
体育健身娱乐与培训业	主要包括各种类型的体育经营场所、如体育健身和各种教学活动有关的经营活动等,及各种待遇经营性质的体育培训互动
体育训练与竞赛业	职业俱乐部组织进行的训练和竞赛及其他商业性质体育训练和竞赛,包括各种体育表演活动等
体育相关产业	与体育密切相关的其他产业部门的生产经营活动
体育彩票业	发行各种类型的体育彩票
体育经纪与代理业	从事体育竞赛、表演、运动员转会等经纪代理业务
体育用品业	包括体育用品制造业、体育用品销售业
体育新闻媒介业	包括体育电视、广播、报刊、书籍以及其他形式的新闻媒介

产业门类	具体内容
体育广告业	专门为各类体育活动、体育用品销售、体育无形资产开发等事项进行文件、图案、模型、影片等的设计、绘制、装置等宣传广告活动以及相关的广告代理活动
体育旅游业	以观看体育比赛、参加体育锻炼、进行体育交流等为主要性质的旅游活动
体育建筑业	体育场地设施等的建筑施工
其他体育相关产业	以上未包括的其他体育相关产业

第二节　我国体育文化产业发展现状与存在问题

一、我国体育文化产业发展的现状

(一)产业化发展规划不足,战略导向欠缺

体育产业化的发展并不是一件容易的事情,其发展需要经历一个长期的过程,其在发展的过程中会面临着各种困难和阻力,因此体育产业从业人员一定要制定一个长期的发展规划,根据事先制定的发展规划按部就班的执行各项工作,这样才能取得理想的效果。目前来看,我国的体育产业化发展主要呈现出"散""乱"等问题,缺乏一个战略性的发展规划。具体而言主要体现在以下三个方面。

第一,目前我国的体育产业还没有形成一个健全和完善的产业格局,整体上来看,产业布局比较分散,产业环境建设也存在一定问题。

第二,由于缺乏长远的体育产业发展规划,体育产业的从业者往往过于追求眼前利益而忽略了长远利益,导致体育文化产业的发展不科学,其健康发展受到一定的挑战。

第三,体育文化产业发展的动力不足,产业市场内的各部分资源没有得到有效的整合,这严重制约着体育文化产业的健康发展。

因此,作为体育文化产业的从业人员一定要制定一个长远的产业发展规划,做好体育产业长远发展的布局,这样才能取得理想的发展效果,推动体育文化产业的健康持续发展。

（二）产业化发展程度不高，发展有待升级

伴随着时代的不断发展，体育文化开始逐渐向产业化领域方向发展，这是体育事业发展的一个重大趋势。但是，要想实现产业化发展的目标，必须要在各方面具备充足的条件，体育文化的产业化发展对体育文化资源、体育政策环境、体育管理水平等都有着十分重要的要求，现有的产业市场状况肯定是无法满足体育文化产业化发展的。

第一，我国体育文化产业发展的起步较晚，在战略布局中，在体育文化产业资源的整合及开发方面，还存在着不少问题。如体育旅游与体育产业的融合问题，体育文化产业的结构问题等，这充分说明我国的体育文化产业化发展还存在不少的短板，需要今后大力改进与完善。

第二，与一般的体育产业内容相比，我国体育文化产业的转型相对较慢，尤其是在体育文化制造业、体育文化创意等方面发展得较为缓慢，在发展的过程中受到诸多阻碍，难以获得大的进步。

第三，发展至今，我国体育文化产业化发展中欠缺高素质的人才，并没有建立一个高质量的体育产业人才队伍，这对于体育文化产业化的转型与升级是非常不利的。但是伴随着我国体育文化的弘扬与发展，体育文化的产业化拥有广阔的发展空间。

（三）产业化发展政策不完善，缺乏环境条件

在体育文化产业发展的过程中，需要政府部门制定相关的产业政策体系给予其必要的保障。这是构建体育文化产业化发展的重要内容及要求。但是，目前的一个基本情况是，我国并没有制定体育文化产业发展相关的政策，只在某些地方有一些相关的地方政策，并不能形成全国性的产业政策布局。以地方政策为导向的发展情形，难以形成全国一盘棋的发展布局。

第一，体育产业发展所需的政策体系尚未形成，在政策引导、产业扶持等方面，我国应立足国情制定与之匹配的产业政策。

第二，在体育文化产业发展的过程中，政府扮演着十分重要的角色，但是目前我国体育文化产业的发展却缺乏相关的政府职能，特别是体育文化市场的不良竞争，在很大程度上影响了体育文化产业的多元化发展。

第三，政府在体育文化产业的扶持上面缺乏资金扶持力度，这导致难以形成良好的体育产业化发展布局。政府在体育文化产业化发展的过程中扮演着十分重要的角色，因此政府一定要积极参与到体育文化产业的

建设中,为体育产业从业者提供各方面的支持。

总之,当前我国体育文化产业化的发展缺乏必要的政策支持,为促进体育文化产业化的发展,应该加强体育文化产业的制度化建设,构建一个健全的体育文化产业政策体系,为体育文化产业化的发展创造良好的基础。

二、我国体育文化产业发展中存在的问题

据调查发现,目前我国体育文化产业化发展存在着不少的问题,如城乡差别比较明显、东西部体育文化产业差异较大等,除此之外,我国体育文化的产业化发展还存在以下几个方面的问题。

（一）缺乏专门的体育文化产业管理人才

目前我国体育文化产业市场还很不健全,存在着不少问题。其中一个非常重要的问题就是缺乏专门的体育文化产业方面的管理人才。体育文化产业市场的发展和壮大需要有一大批懂经营,善管理的专门人才。但目前我国体育文化产业市场发展的状况是,从事体育经营管理的人员较少,而大多又缺乏体育经营所必需的专门知识,综合素质不够高,这对于我国体育文化产业的发展是十分不利的。因此在今后一定要重视体育文化产业管理人才的培养与发展。

（二）没有形成一个完善的体育文化产业市场体系

以往我国的举国体制对于体育事业的发展发挥了极为重要的作用,但随着时代的发展,旧有的举国体制已难以适应体育发展的要求,因此需要革新体育体制,建立一个新的以市场机制为特征的综合管理体制。在当前的管理体制中,对体育文化产业这样的新兴行业门类,政府缺乏综合性协调管理,体育部门又没有综合协调的职能,因而出现了多头管理、管理机构臃肿的现象,以致影响经营。①

（三）缺乏必要的体育法律法规的宣传与推广

我国体育文化产业化的发展需要以《中华人民共和国体育法》为依据展开各项工作。作为体育的行政管理部门应该及时担负起管理市场的

---

① 张文革,张四清.论体育文化的产业化[J].山东体育科技,2006（1）.

任务,履行法律赋予的职责。但实际上,体育管理部门在行使正当职权时,经常会碰到经营单位不知法、不懂法的情况,这充分说明我国体育相关部门没有对体育法律法规引起高度重视。因此,加强体育法律法规的宣传是十分有必要的。在这样的宣传和推广下,人们能充分认识到体育文化产业发展的价值与意义,从而实现更好的发展。

三、体育文化产业发展的趋势

伴随着现代社会的不断发展,整个体育文化产业也迎来了良好的发展契机,通过对体育文化产业发展的研究发现,体育文化产业主要呈现出以下趋势。

(一)体育产品的设计越来越个性化

进入 21 世纪后,社会各个方面都获得了不错的发展,现代社会可以说是一个知识经济社会,知识经济渗透进社会的各个领域之中,发挥着非常重要的作用。在体育文化产业发展的问题上,在知识经济的推动下,各类体育文化产品呈现出个性化的发展倾向。体育产品的个性化是指体育产品不仅作为一种实物来满足人们的物质需要,还融合文化知识、社会历史等因素,能充分满足人们的个性化需求,这是时代发展的要求和必然。

伴随着现代社会的不断发展,各种创新的科学技术被广泛应用于社会各个层面,正是由于科学技术的推动,才使得体育文化产品的多样性生产成为一种可能。体育产品的个性化发展可以说是体育产品理念化的必要条件。发展到现在,对于体育用品生产企业推出的固有型号的产品,体育消费者已不再是被动的接受者,而是主动参与其中的设计,这一表现非常符合现代体育文化产业发展的理念与要求。

(二)体育企业增长的知识化

如今整个社会已进入一个知识经济时代,在这样的时代背景下,社会各个层面的建设与发展都需要知识经济的推动。对于体育文化产业发展而言也是如此。在体育文化产业发展的过程中主要表现为资源配置的知识化。知识作为第一生产力,对那些传统的按资本、原材料和能源进行要素配置的传统方式提出了挑战。我国体育文化产业的发展要高度重视知识方面的要素,作为体育文化产业的从业者一定要注意自身的知识储备,要不断完善自身的知识结构,提升自身的知识水平。为实现体育文化产业人力资源的发展,相关部门要加大体育文化产业人力资本的投入力度,建设一支高质量的产业人才队伍。

（三）体育企业人事管理的柔性化

在现代社会发展的背景下,以人为本的思想渗透进社会各个层面。在体育文化产业管理的过程中,管理者要遵循以人为本的基本理念与方法加强整个产业系统的管理。这主要表现在两个方面:第一,体育企业的管理方式由刚性向柔性转变;第二,信息网络技术扩延伸了人力资源开发的范围,其中包括企业内部网络系统和外部网络系统两大部分。前者侧重于人才储备和员工培训工作,注重高层次的人才培养,建立高素质的人才库,为企业发展奠定坚实的人才后备军。后者主要是沟通和消费者的关系网络、企业间网络、公共关系网络等,建立自己的专家支撑系统,设置各类顾问等机构,针对企业经营中国遇到的难题展开研究和讨论,及时找出相应的应对策略,解决遇到的各种难题。以上这种管理方式对于体育文化产业系统中人力资源的发展具有非常大的帮助,能进一步提高人力资源的利用效率,保证体育文化产业的健康持续发展。

（四）体育企业经营管理的虚拟化

伴随着现代科学技术的飞速发展,计算机网络在社会各个领域都得到了广泛的利用。通过计算机技术,减少了工业时代里的资本、劳动力、技术、企业家四大因素的影响力,逐步走向虚拟化。计算机网络将不属于企业的人、设备和其他资源等组合起来,利用互联网连接共同工作,对提供的服务和产品作出协同反映,以实现事先确定的目标的组织形式,这也是协同论和计算机网络技术在企业运作上的体现和运用。虚拟企业的运作模式的支持系统实际上就是一个业务外包。企业为集中精力来进行核心产品的研究和开发,在充分利用外部资源的基础上将大量的次要业务包给其他企业,实现企业的最大价值。国内外很多著名体育服装及器械品牌公司都尝试或者已经采用了这一策略。通过这一策略,体育文化产业能得到极为迅速的发展。

（五）体育企业组织结构的扁平化

在以前的时代背景下,企业管理组织以等级为基础,信息传递以命令为特征的金字塔式结构,逐层往下传。这种形式的信息传递很容易造成信息失真,误导接受者。随着时代的不断发展知识经济时代,由于网络技术的发展,使得具有人员紧凑、富有弹性、灵活高效等特点的扁平化的特征将成为趋势。扁平化组织结构不但可以实现精兵简政,降低企业运营成本,使得企业的竞争力得到增强,还可以将信息从高层传递到底层,做到领导层与基层之间距离最短、沟通最紧密、反应最灵活。此外扁平化的组织结构信息传递较快,大大提高企业的运作效率。对于现代背景下体育文化的产业化发展而言,各体育文化企业也要加强组织机构的改革,促使其扁平化的发展,提高组织管理的效率。

（六）体育企业营销手段的网络化

在体育产业经营管理中,为使顾客产生对企业产品的心理认同,传统的营销方式主要是通过广告宣传,再进入产生购买产品的动机。而在计算机网络的知识经济时代,体育用品生产企业可以通过网络了解市场动向和社会大众对体育市场的消费需求,同样,消费者也可以通过网络将自己的意见或建议直接反馈给体育企业,双方的沟通交流更加直接,从而形成一种良性互动,体育企业得到市场、消费者的第一手资料,根据市场需求提供不同的体育产品组合,这样不仅提高了生产者与消费者之间的合作水平,提高产品质量,而且减少很大的销售成本,加快资金流转速度,促进体育文化企业的进一步发展。因此,在网络时代,各体育文化企业一定要充分利用好网络化的营销手段。

第三节　"体育强国"战略下体育文化产业发展的对策

"体育强国"战略的制定与实施为我国体育文化产业的发展创造了良好的契机,在当今体育产业市场发展的背景下,深入挖掘体育文化及体育文化产业的内涵是非常重要的。为促进我国体育文化产业在"体育强国"建设背景下的快速发展,我们可以从以下方面进行。

一、体育强国战略下体育文化产业发展的思路

要想进一步推动体育文化产业的发展,除了遵循市场经济发展的规律,按部就班的发展之外,还要加强体育文化产业市场的创新,促进体育文化产业市场的健康快速发展。

（一）逐步加快体育文化产业化进程

体育文化产业的创新发展不是一件简单的事情，在发展的过程中，首先就要转变旧思想，树立发展的新理念，采取必要的措施和手段提高体育文化产业发展的产业化水平，将体育文化产业看作是一个重要的经济部门确立体育文化产业可持续发展的战略，促进体育文化产业健康持续的发展。

（二）深化体制改革，促进体育文化产业健康发展

在当今体育产业发展的时代背景下，我国体育部门要进一步转变体育职能，建立一个完善的符合时代发展要求的体育文化产业管理体制，并加强体育文化产业市场的管理，制定有利于体育文化产业发展的政策，为体育文化产业发展创造良好的法制基础，促进体育文化产业的法制化建设。这可以为我国体育文化产业的发展提供重要的保障。

（三）构建体育文化产业发展的指标体系

随着体育产业的不断发展，国家对体育文化产业的发展越来越受到重视。之所以如此，是因为体育文化产业的发展一方面是国民经济增长的需要，另一方面也是其自身发展的需要。因此，客观评价体育文化产业发展的现状，制定一个体育文化产业发展的科学指标体系，对于体育产业的可持续发展具有深远的影响和意义。但是建立的体育文化产业发展指标既要符合实际，又要有所远见，要有利于体育文化产业的可持续发展。

（四）培养一大批优秀的体育文化产业方面的人才

人才在事物发展的过程中扮演着十分重要的角色，因此挖掘与培养体育产业人才对于体育文化产业的健康发展具有重要的意义，我们可以采取以下措施来培养体育文化产业方面的人才。

第一，在高校中大力开设体育管理专业，培养一批高质量的体育产业经营与管理人才。

第二，通过培训班、会议交流等形式加强我国体育高级管理人才的培养。这对于我国体育产业的健康持续发展都具有非常大的帮助。

（五）发展大型企业，建立优秀的体育品牌，提高体育产品的竞争力

随着时代的不断发展，全球一体化的趋势日益明显。在这样的时代背景下，我国政府相关部门要制定一定的扶持政策和制度，鼓励优势体育企业走出国门，走国际化发展道路，借鉴其他国家的发展经验，创立独具特色的产业品牌，进一步提高体育企业的影响力，逐步缩小与发达国家之间的差距，这一方面要着重重视起来。

（六）加强体育文化产业基地建设形成产业链，以优势企业带动弱势企业

与国外体育产业发达国家相比，我国的体育产业在各方面都处于明显的落后局面，但也有一些优势产业门类，如体育产品制造业。因此可以重点优先发展这一方面，要做大做强，形成一定规模，严格按照"一区一圈一带"三个区域发展，在市场经济体制下，企业间有合作有竞争。企业间相互促进，使其优势产业做大做强，并带动弱势产业发展。

二、体育强国战略下体育文化产业发展的对策

（一）完善体育文化市场管理体制

在"体育强国"战略实施的背景下，体育文化产业的发展需要建立一个科学和完善的市场管理体制，在这一管理体制的保障下，体育产业市场才能获得稳定健康的发展。建立与完善体育文化市场管理体制需要注意以下几个方面的要求。

（1）加强体育行政管理体制的改革。在改革的过程中，要充分发挥政府宏观调控的作用，结合具体实际情况加大对体育管理的投入力度，为体育产业部门提供必要的资金支持或政策支持。同时还要建立一支高素质的体育行政管理队伍。

（2）加强体育运动项目管理体制的改革与发展，逐步建立运动项目协会制管理体系，积极推进项目协会的实体化建设。

（3）进一步推进我国体育竞赛体制方面的改革，采取各种手段和措施努力探索新型的体育竞赛管理模式，进一步开放竞赛市场，举办具有世界影响力的体育赛事，营造浓厚的体育赛事文化氛围。

（4）加强基层体育组织的改革与发展。充分履行政府对加强基层体

育组织建设的职责,利用一切可以利用的力量推动基层组织的管理与发展,大力支持体育俱乐部的建设与发展,为其提供各方面的保障。①

（二）加强体育法律法规的宣传

在"体育强国"战略背景下,加强体育法律法规的宣传是非常重要的,因为体育文化产业市场的发展离不开这些法律法规的保障,作为体育文化产业的从业者,要遵循体育产业的相关规章制度,在体育产业市场中参与公平竞争。如今已进入一个信息化社会,我们可以利用各种信息化传播手段加强体育法律法规的宣传与推广,让社会各界人士充分认识到体育法律法规的重要性,帮助人们建立正确的体育文化价值观,引导人们参与健康的体育消费,这对于体育文化产业市场的建立与完善是非常重要的。

（三）加强对体育文化产业人才的培养

在体育文化产业市场发展的过程中,少不了人力资源这一方面的内容。人才可以说是推动社会发展的重要力量,其在体育文化产业发展中扮演着极为重要的角色。在体育人才培养的过程中,首先要为体育人才的培养设立一个制度保障体系,确保人才能够得到健康顺利的发展。除此之外,还要建立一个多样化的体育专业教育体系,逐步进行体育人才管理体制的改革与发展,提升体育人才的管理水平。

（四）积极打造体育文化产业品牌

为促进我国体育文化产业在"体育强国"战略背景下的发展,我们还要建立和打造优秀的体育文化产业的品牌,这是一个非常重要的方面。随着体育全球化、产业化进程的不断推进,世界各国都提高了建立体育文化品牌的意识。要想向全世界发展中国体育文化产业,就必须立足国内,放眼世界,加强体育文化产品生产经营的管理,树立自己的品牌。

通过多年来的努力发展,目前我国的竞技体育水平居于世界前列,在世界上产生了广泛的影响力,但需要注意的是,我国在体育文化品牌建设方面却没有大的发展,很多年来一直停步不前。不过,伴随着体育产业影响力的逐步提高,我国政府、地区等相关部门都已认识到打造体育文化品

---

① 宋义忠.浅析新时期我国体育管理体制改革的思考[J].决策与信息（下旬刊），
2011（1）.

牌的重要性,纷纷采取了各种手段和措施来树立我国体育产业良好的品牌形象。如河北省 878 精品行游全民健身户外活动基地的建立就是这样一个典型的例子。该基地以汽摩运动为主体,通过引进大量的具有一定影响力的品牌赛事,提升该产业基地的知名度,通过一段时间的发展,该基地在一定范围内得以迅速发展,成为推动我国体育文化产业发展的良好的案例。总之,在体育强国战略下,通过打造良好的体育文化产业品牌也是一个很好的途径和手段。

第八章 "体育强国"战略下我国体育文化重塑与发展的路径

　　"体育强国"战略的发布与实施为我国体育文化的发展创造了良好的历史机遇,在这一重大的历史机遇下,我国体育文化的发展面临着巨大的挑战,需要通过各种途径进行一定的重塑与发展,这样才符合时代发展的潮流,符合"体育强国"战略的要求。推动我国体育文化重塑与发展的路径是多种多样的,除了促进我国竞技体育、群众体育、学校体育和农村体育等各方面的发展外,提升体育文化软实力也是一个非常重要的路径。本章就主要从体育文化生态系统的构建、中国体育价值体系的建设、民族传统体育的传承与发展以及建设中国特色社会体育文化道路等能促进我国体育文化软实力提升等几个方面展开具体的研究与分析。通过以上内容的研究,能极大地推动我国体育文化在"体育强国"建设下的发展。

第一节　体育文化软实力概述

一、体育文化软实力的概念

（一）软实力与文化软实力

1. 软实力的概念

　　软实力的概念最早是美国哈佛大学肯尼迪政府学院前院长约瑟夫·奈在 20 世纪 90 年代提出的,他将软实力的概念界定为一种通过文化与意识形态的感召力及吸引他人的能力。它具体表现在国际事务中,就是一个国家能够通过自身文化、意识形态、社会制度等方面的吸引力而非强制力,使别国追随其政策、仰慕其价值观、学习其发展过程。① 软实力具有非强制性、隐蔽性、抽象性、柔性等特征,它与硬实力的强制性、显性、具体性、刚性等特征是一一对应的。

软实力的这个概念在国际上的认可度和接受度很大。我们必须承认,只有兼具软实力和硬实力的国家才能长期在国际上占领一席之地,这是经过历时证明的事实。随着全球化进程的加快和世界多极化格局的形成,软实力作为综合国力的重要组成部分,在国际竞争中起到极其重要的作用。

2. 文化软实力的概念

建立在文化资源这一基础形成的软实力就是文化软实力,在综合国力和国家软实力的构成体系中,文化软实力占据非常重要的位置。

事实上,软实力和文化软实力都是以文化为研究对象的,所以二者的内涵与内容基本相同。

（二）体育文化软实力

体育文化软实力是指一个国家的体育价值观、体育发展模式、体育制度以及民族传统体育文化等文化因素对国内发挥的引导、凝聚、动员等功能,对国际产生的渗透、吸引和说服等力量,是国家体育实力和国家文化软实力的重要方面及关键组成部分。②

体育文化软实力的概念中表明了体育文化软实力的基本功能与作用,包括对国内发挥的功能和对国际产生的力量,在此基础上形成了体育文化软实力的作用机制,如图8-1所示。

二、体育文化软实力的性质

（一）体育文化软实力源自于深层文化

体育文化是体育文化软实力的重要资源,这也是文化的本质特征能够在体育文化软实力中得以体现的重要原因。体育文化软实力蕴含着丰富的体育精神文化资源和体育制度文化资源,这些体育文化资源及其发

① "提升我国体育文化软实力核心问题研究"课题组.中国体育文化软实力及其提升[M].北京:科学出版社,2015.
② "提升我国体育文化软实力核心问题研究"课题组.中国体育文化软实力及其提升[M].北京:科学出版社,2015.

展给体育文化软实力的提升带来了深远的影响。体育文化结构体系中,体育物质文化是表层文化,而精神文化与制度文化是较为深层的文化,包括体育道德文化、体育精神文化、体育制度文化、体育价值文化等,体育文化的本质特征、发展模式就是由这些深层文化元素所决定的。体育文化软实力是以深层次体育文化资源为主要内容的,因此其具有抽象性、深层性和内隐性等特征,具备这些特质的体育文化软实力的感染力十足,凝聚力也很强。

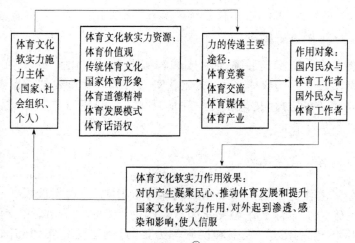

图 8-1[①]

　　体育文化不仅外在的运动形式丰富多样,而且内在的精神世界也很丰富多彩,其具有鲜明的超越性特征,从外在形式来看,这种超越性主要从对身体的认识、训练方法手段、运动器材设备的科学化等方面,从深层次来看,这种超越性体现在人类智慧与精神上。体育文化十分广泛,而且容易被大众接受,认可度高,这也是体育文化不仅精神世界多姿多彩,而且体育精神文化展现力、感染力、渗透力强的一个重要原因。正因如此,体育文化能够对人类的精神世界产生极大的影响,使人类的精神世界得到很大的改造。

　　在现代人的日常生活中,体育运动已经成为一个不可或缺的重要组成部分,这是人类生活方式不断更新与转变的一个重要标志。人们参与体育锻炼,不仅能强身健体,还会受到体育文化的感染与熏陶,从而变得精神更加乐观,对生活更加热爱,自信心也变强,在困难面前也不退缩,享

---

① "提升我国体育文化软实力核心问题研究"课题组.中国体育文化软实力及其提升[M].北京:科学出版社,2015.

受战胜困难的过程和战胜自我的愉悦。体育文化本身具有极大的魅力，这是吸引人们参与其中的重要原因。当前，人们对体育运动有了越来越多的需求，也使体育运动的魅力越来越大，越来越多的人被体育的魅力所感染而聚集在一起参与体育活动，这些参与者对体育价值观、体育精神、体育道德等深层体育文化内涵几乎达成共识，一致认同，所以他们的集聚不仅是聚在一起共同运动，而且在精神上和思想上也有共鸣。这充分反映出体育文化软实力的源头是深层体育文化，体育文化软实力的对内凝聚力和对外扩张力都与其深层文化源头有关。体育文化软实力要发挥对内的凝聚功能和对外的扩张潜能，需要有一个抽象和内隐的施力过程才能实现，要通过施力达到良好的潜能发挥效果，就需要开展形式多样、内容丰富的体育活动，并借助多样化的媒体形式发出丰富的有价值的信息。

（二）体育文化软实力是一种无形的竞争力

人类社会充满各种较量和复杂的竞争，本质上而言就是实力的较量，这不仅是指物质性的实力较量，还包括内隐的精神层面的实力较量，前者是客观的、具体的，后者是抽象的、无形的。人类社会之所以有两种形式的较量，主要是因为人同时具有物质属性和社会属性，人类有精神、有情感，物质性力量和精神性力量都会对社会发展起到重要推动作用，都会对个人、群体甚至国家与民族的较量起到决定性影响。人类社会中的物质性力量代表的是硬实力，精神性力量代表的是软实力，而文化软实力又是软实力的核心。作为人类创造的成果，文化对人类的思想与行为产生了极其深刻的影响，文化软实力是以文化为基础的实力，这种力量对人类社会中各种竞争结果的决定性影响是不可忽视的。

人类社会的竞争性特征在体育运动中被体现得淋漓尽致。体育运动领域的竞争结果同样由参与竞争的主体的实力所决定，体育硬实力和体育文化软实力共同决定竞争结果。国家之间在体育领域的竞争与较量结果主要由双方的体育硬实力和体育软实力共同决定，前者包括体育经费、体育人口、体育硬件设施、竞技体育比赛成绩、国民体质等指标，后者包括体育道德、体育精神、体育价值观、体育制度、体育发展模式等指标。我国对体育硬实力指标一直都很重视，但是对体育文化软实力指标在以往很长的时间内都是不重视的。事实上，这两大体育实力是密切相关的，也可以说是一个不可分割的整体，倘若一个国家的体育实力只靠硬实力指标来判断，是无法得到全世界认可的，而如果同时用硬实力和软实力指标来衡量，即一个国家不仅体育硬实力强，而且体育文化软实力也很强大，对内凝聚力和对外扩张力得到充分发挥,那么在国家体育实力的较量中就会彰显出强大的竞争力,领先他国,得到世人的广泛认同。

体育硬实力和体育软实力相辅相成,二者在体育各个领域的竞争中都发挥着非常重要的作用。例如,在竞技体育领域,各运动队之间的竞争十分强烈,而决定竞争结果的除了运动员的体能素质、技战术能力外,还包括运动队的集体斗志、拼搏精神、坚定意志及强大的凝聚力等无形力量,在关键时刻无形力量所发挥的作用是决定性的。因此,体育文化软实力作为实实在在地对竞争结果起决定性影响的力量,其重要性可以体现在体育各个领域的较量中。体育文化软实力之所以能感染与吸引他人,主要是靠体育价值观、体育精神、体育道德等无形力量发挥作用的,在这些力量的影响下,人们心甘情愿对自己的思想、行为作出相应的改变,这样体育文化软实力的功能与作用就得到了充分发挥,最终达到了良好的施力效果。

在国家文化软实力中,体育文化软实力作为一个非常重要的组成部分受到了较高的关注。一个国家的体育文化在一定程度上是该国精神面貌、政策制度、思想价值观的体现,体育文化传播和交流的受限制因素少,所以对内对外的影响都是不可忽视的。一个国家若能彰显出强大的体育文化软实力,那么就容易获得其他国家对该国文化软实力的较高认同与信服。

第二节　构建体育文化生态系统

一、体育文化生态系统的概念与结构

(一)体育文化生态系统的概念

文化生态系统指的是文化系统内各要素之间的关系及文化与其环境之间的关系所构成的有机统一体。通过文化生态系统的概念可以这样界定体育文化生态系统的概念,即体育文化系统内各要素之间的关系及体育文化与体育环境之间的联系所构成的整体。[①]

从体育文化生态系统的概念来看,其包括下面两类联系。

第一,内部联系,即体育文化系统内部各组成要素之间发生的联系,

---

① 龚建林.体育文化生态系统的结构与特性[J].体育学刊,2011,18(04):40-44.

第二,外部联系,即体育文化系统本身及其要素与外部环境之间发生的联系。

从上面的分析来看,体育文化生态系统具有相关性、整体性,除此之外,还有稳定性、有序性、层次性、开放性、自组织性等特征。体育文化生态系统的自我调节能力及适应外部环境的能力较强。

（二）体育文化生态系统的结构

体育文化生态系统的结构见表8-1。

表8-1　体育文化生态系统的结构①

两个子系统	
体育文化子系统	体育物质文化
	体育制度文化
	体育精神文化
	体育行为文化
体育环境子系统	体育文化的自然环境
	体育文化的社会环境

二、体育文化生态系统构建的基本内容

（一）体育物态形式的传承

有形的体育物质及相关物态材料是体育文化的重要符号和外在表现形式,要延续体育文化的精髓,要先传承体育物质文化,这是必不可少的基础条件。在体育物质文化的传承中,对体育器材、体育运动场所、体育项目等物态材料进行整理是当务之急。优秀的体育人才资源在制作、仿造和复原体育物态材料上发挥着举足轻重的影响,对于体育用具制作能手这类人才资源必须予以大力保护,同时还要对其制作技艺进行学习,并促进这些技艺的进一步提高。对于民族体育物质文化的传承,还要注意对相关自然情境的开发与复原,保护原始活动场所的环境,恢复接近原始形态的情境,最大化地展现民族体育的原型。

在体育物质文化的继承中,要注意做到以下几点。

① 龚建林.体育文化生态系统的结构与特性[J].体育学刊,2011,18(04):40-44.

（1）注重从健身视角出发加工与改造运动器材，创造出材料环保、形态美观、质地良好以及最大化满足大众健身需要的运动器材。

（2）从娱乐休闲的视角进行对体育文化博物馆、体育游乐园的建造，保护有价值的物态情境，并进行适当的移植。

（3）利用好学校体育的继承路径，开设相关课程，使青少年学生了解如何制作简易器材，如何创设适宜的体育情境，让学生掌握实用的体育用具制作工艺与技能，这对于传承艺术文化、体育文化具有重要意义。

（二）体育精神与制度文化的传承

在体育精神与制度文化的传承中，整理与提炼体育文化精神与制度要素，对良好的社会体育文化氛围加以营造十分重要，重点要做好以下两个方面的工作。

一方面，注重对优秀体育精神文化、体育道德文化、体育礼仪习俗文化的坚守和巩固，在新时期社会主义精神文明建设中加强对优秀民族体育文化遗传的弘扬，提高人们的体育精神意志，宣扬体育节日的民族情怀。

另一方面，加强对体育法律法规的制定与完善，强化制度管理措施的约束力，使体育相关节日、礼仪风俗产生良好的免疫力与约束力，促进民族体育文化在法律层面上被进一步认同，从法律上保护与保障民族体育节日和民族体育风俗。

此外，政府部门应该树立强烈的责任意识来保护体育文化，要尽可能支持体育文化活动的开展，并积极参与，同时还要鼓励社会各单位及媒体系统直接参与对体育精神文化的弘扬，遵守体育制度文化的约束，共建全社会共同参与的和谐的体育文化氛围。

（三）体育行为活动的传承

作为体育文化重要载体的体育行为活动在体育文化生态系统构建中发挥着非常重要的作用。要传承与延续体育文化的精髓，就必然离不开一系列的体育行为活动，这是不可忽视的外化延续形式。在传承体育行为文化的过程中，应将社会各阶层及各类群体的作用充分发挥出来，对内容丰富、形式先进、纵横交织的全方位体育行为活动传承网络进行构建，具体要做好以下几方面的工作。

第一，在社区宣传体育锻炼的重要性和丰富的锻炼形式，使体育锻炼成为社区居民文化生活的一部分。

第二,地方文化部门、体育部门及民间体育组织在组织、宣传节日文化活动、体育运动会等方面发挥重要职能,提供大力支持。

第三,将体育教育引进教育机构,整理体育游戏文化,提高青少年学生参与体育的积极性。

第四,用现代化数字技术演示与记录民族民间体育文化,延续民族民间体育的生命力。

第五,将现代元素融入传统体育项目中,适当进行改造,创编新的体育活动形式,使不同群体积极参与适合自己及能满足个体所需的体育项目。

第六,注重学校体育课程的开发与创新,促进学校体育师资队伍专业素养的提升,结合地方特色开设校本体育课程。

（四）民族体育文化与现代体育文化的交流

在文化全球化和体育强国战略背景下,主动"引进来"和"走出去",加强民族体育文化与现代体育文化的深层交流,推动民族体育文化的传播与弘扬。在民族体育硬件设施改造、活动情境创设、组织裁判方式更新中将现代体育文化的合理元素融入其中,适度创新,取长补短,强化优势,弥补不足,促进民族体育文化内容的丰富,提升民族体育文化的魅力。

三、体育文化生态系统运行机制的构建

在体育文化生态系统中,机制起着基础性的、根本的作用,体育文化生态系统有什么样的运行机制,就会有什么样的生存状态和发展态势。体育文化生态要表现出强大的生命力,要在人们的生活中不断存在并且有所发展,其最根本的原因就在于运行机制。机制的核心在于体育文化生态系统要素是否完整,各个要素的功能能否正常发挥。人们参与的体育项目、人们对该项目的文化认同、作为象征符号的体育明星、推动该项目发展的各种组织等要素的齐备以及功能的正常发挥,是体育文化生态系统良性运行的机制所在。体育文化生态系统的运行机制主要通过种以下两种形式实现。

（一）习俗的调节

习俗是对人们行为的控制,是非强制性的、是潜移默化的。有的习俗是自发形成的,如古代因为原始崇拜、宗教崇拜和图腾崇拜而传承下来的节日。在农闲、五一、中秋、国庆、春节乃至双休日等传统节假日,为庆祝丰收、表达喜悦而进行的一些具有体育元素的相关活动,如傣族的"泼水节",蒙古族的"那达慕大会"等;又如在岭南地区,河网交织、江海相汇的生活环境使岭南人民与水有着密切的关系。在原始先民的自然神崇拜中,水神定位显赫,从而产生了龙子的传说,龙蛇图腾的祭祀庆典仪式演化成了后来的龙舟、舞龙等体育运动,表达了岭南人祈求丰年、平安的祝愿,体现着南海之滨地上的生活场景;又如舞狮在岭南各地都很盛行,俗称"舞醒狮",每逢佳节喜庆、迎神赛会,必有锣鼓舞狮助兴,从而形成了岭南特有的"南狮"。也有的习俗或习惯是人为创建的一些节日、传统赛事,如省港杯,联系了广东省和香港特别行政区足球的发展,也建立了良好的交流和联系渠道,既是体育上的交流,更是文化上的分享。对于已经形成的习俗或习惯,政府部门应该考虑如何保护和提供相应的支持,避免对这些习俗或习惯造成干扰,使习俗或习惯能长久保留、传承下去。①

（二）竞赛制度的维系

维持体育文化生态系统运行的众多形式中,竞赛这种形式至关重要。体育竞赛活动的开展离不开完整又完善的竞赛制度作保障,竞赛制度应该具有很强的操作性,竞赛制度对开展竞赛活动的激励与约束主要通过设置竞赛项目、完善竞赛规则、安排竞赛组织与实施等实现的。在很多体育项目的发展历史中,最初的竞赛制度都不完善,或者都没有系统成套的竞赛制度,个体或运动队之间的对抗与竞争需要参与者自觉约束自己的行为,在简单的规则下达成自觉约束行为的默契。随着体育文化及运动项目的不断发展,一些体育组织逐渐成立,专业组织的出现使体育竞赛活动的开展有组织、有纪律,同时也有大量的体育人才得到组织培养。在专业体育组织的努力下,体育比赛规模与影响力不断扩大,体育部门逐渐承担起对比赛规则进行制定的职责,体育竞赛得到进一步发展。所以说,体育文化生态系统的良性运行需要由完善的竞赛体系与竞赛制度提供动力。当前,我国一些体育项目的文化生态系统在走职业化发展道路后,由于要素的弱化,要素功能得不到正常发挥以及竞赛制度的不完善等,导致运动环境不佳、运动技术水平不高、参与者素质偏低、专业人才缺乏,使得体育文化生态系统运行机制不顺畅,形成了恶性循环的发展态势。

① 龚建林,许玲.体育文化生态系统运行机制与政府角色研究[J].运动,2013(05):3-4+26.

第三节 建设完善的中国体育价值体系

一、体育价值体系和体育核心价值体系

(一)体育价值体系

体育价值体系主要由核心价值和外围价值两部分组成。前者比较稳定,后者相对比较松散。体育价值体系是否具有稳定性,主要由核心价值决定,吸引力、说服力较强的核心价值越能够促进整个价值体系的稳定,因为它能够对社会生活中的各种困惑和矛盾做出合理的解释和科学地说明,以精神的力量来对外界困难进行处理,缓和外界矛盾。因此,在体育价值体系构建中要特别重视构建核心价值体系。

体育价值体系结构如图 8-2 所示。

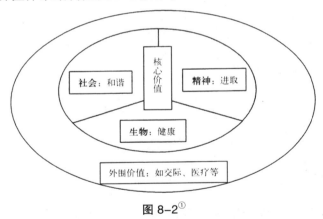

图 8-2[①]

体育的核心价值主要体现在以下三个层面。

1.生物层面的"健康"

体育的根本功能是促进人体健康,所以在体育生物层面的价值中,选取"健康"作为代表。

2.精神层面的"进取"

关于体育价值体系中精神层面的价值,有关学者从不同文化类型中

---

① "提升我国体育文化软实力核心问题研究"课题组.中国体育文化软实力及其提升 [M].北京:科学出版社,2015.

对共同点进行探寻。现代体育是从西方体育文化传统中发展而来的,所以现代体育价值体系中,精神层面的价值主要表现为"竞争"。而东方体育文化主要吸收了儒家文化的精髓,虽然"仁""和"等儒家文化发挥了重要的导向作用,但"天行健,君子以自强不息"式的进取精神也深刻影响了东方体育文化,因此使东方传统文化具有内在"进取和竞争"的传统精神。

3.社会层面的"和谐"

社会中的每个个体在日常生活中都有与人交往的需要,在交往中不仅要展开竞争,还要相互合作,不论以何种形式交往,都离不开一定的秩序规范。体育运动的育人功能是以其严格的规则而实现的。尊重规则和对手,对良好的社会秩序加以维护,促进社会和谐发展等是体育的主要社会功能体现,因此将"和谐"选作体育社会层面的核心价值(图8-3)。

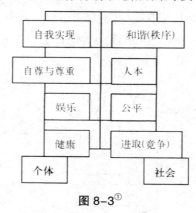

图 8-3①

(二)体育核心价值体系

一般来说,分析社会价值体系,需要从以下几方面来着手。
(1)分析社会价值追求。
(2)分析社会价值理想。
(3)分析社会价值取向。
(4)分析社会价值规范等。

按照上面所述,从哲学视角出发,我们可以将社会主义核心价值体系分为四个部分,而且每个部分在该体系中的地位和作用是不同的(表8-2)。

---

① "提升我国体育文化软实力核心问题研究"课题组.中国体育文化软实力及其提升[M].北京:科学出版社,2015.

表8-2　社会主义核心价值体系的内容

结构内容	地位（作用）
社会主义荣辱观	基础
中国特色社会主义共同理想	主题
以爱国主义为核心的民族精神和以改革创新为核心的时代精神	精髓
马克思主义指导思想	灵魂

按照社会主义核心价值体系的结构内容,我们可以将体育核心价值体系的结构内容确定为四个部分,如图8-4表示。

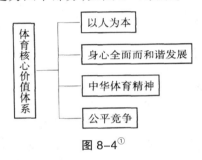

图8-4①

1. 以人为本

"以人为本"作为体育核心价值体系的灵魂,是体育发展的重要指导思想。体育活动对人类的极限能力有着很强的挑战,不断有新的纪录被创造,而且是有功利和回报可图的,但这并非体育的根本,它们都是特殊的工具,是为"人"服务的,如果不是为了服务于"人",体育就不会存在。因此要围绕"人"的需要来开展体育中的所有工作,促进人价值和追求的实现。

2. 身心全面和谐发展

促进人身心全面而和谐的发展是体育发展的根本目标,这也是体育核心价值体系的主题。人是体育的主体,同时也是体育的客体,这里的客体主要是指人参与运动的身体,通过体育运动,能够使人强身健体,能够培养人开放、竞争的良好性格,促进交往,实现全面发展的目标。

3. 中华体育精神

体育精神是指"人们在体育活动中形成的,以健康快乐、团结协作、

---

① "提升我国体育文化软实力核心问题研究"课题组.中国体育文化软实力及其提升[M].北京：科学出版社,2015.

公平竞争、挑战征服等作为主要价值标准的意识、思维活动和一般心理状态"。中华体育精神是中国体育基本价值取向的重要体现，是经过文化自觉后的中国体育核心价值体系的精髓。

不同学者关于中华体育精神有不同的看法，具有代表性的是观点见表 8-3。

表 8-3　中华体育精神的内容

谢琼桓的观点	黄莉在谢琼桓基础上总结的观点
为国争光	爱国主义精神
无私奉献	乐观自信精神
遵纪守法	公平竞争精神
科学求实	实用理性精神
顽强拼搏	英雄主义精神
团结友爱	团队精神

除上述观点外，胡小明先生还指出，体育精神并不是我国独有的，它们也属于其他国家、地区和民族。他认为，中华体育精神应秉承"仁者爱人"的传统观念，对个体生命具体性做了重要的强调。体育由自我关怀到联系他人，情感由家庭、学校、社团扩展到社会、国家和世界，才能深刻理解协调统一的人文精神，才能接近中华民族"天人合一"的理想。此外，胡小明还认为，在遵从"以人为本"的同时，中华体育精神还应该坚持中华民族的独特个性，讲求"和而不同"。

4. 公平竞争

争夺稀缺资源，必须采取竞争手段，在现代社会生活中竞争现象非常普遍。体育领域的竞争和其他领域的竞争相比是公平的，这主要取决于体育的公开性特征。体育竞赛对于任何身体外的不平等都是无条件拒绝的，体育竞赛的主旨是在同等条件下展开公平竞争。虽然不公平的现象在体育运动实践中或多或少存在，但体育运动始终将公平作为基本准则和追求的目标，正因如此，体育才是象征公平的重要现象。在体育领域中，要做什么和如何做都是明确的，而且运动员的行为准则和价值规范也都是非常严格而明确的，这主要是因为体育运动具有公平性。[①]

---

① "提升我国体育文化软实力核心问题研究"课题组.中国体育文化软实力及其提升 [M].北京：科学出版社，2015.

二、体育价值体系建设中的运行机制

在建设体育价值体系的过程中,应建立有效的运行机制,具体包括下面几个机制。

(一)激励机制

在建设与落实体育价值体系的过程中,对行为主体的行为、行动进行激励是首要工作,通过激励使其正确且积极的行为动机得到强化。当前运行的体育价值体系落后于新的体育价值体系,其中有一些片面的、不易被人理解的内容,用现行体系对体育实践工作进行指导容易出现某些偏差,因此要构建激励机制,将其融入现行体育价值体系中,强化体育价值体系对实践的指导。为此,体育行政部门和文化部门应充分发挥自身的职能,大力宣传体育价值,进行价值层面的教育,并通过发挥道德模范的榜样作用来达到正面教育和积极强化的效果,使行为主体受到精神层面的激励。

此外,物质上的奖励也很重要,如经费奖励、升职奖励等。一般要将物质激励与精神激励结合起来使用,使积极向上的实践行动更好地落实,在实际行动中将正能量和有意义的东西传播下去,正确引导他人的行为,使体育核心价值观真正落实到实践中。

(二)制约机制

体育实践中往往存在一些错误的或消极的言语和行为,有些流传较广的体育价值观缺乏科学性,为避免不科学体育价值观的形成和流传,要全面进行舆论监督,及时进行纠正干预,具体可采用的方式有依靠媒体手段进行批评教育,通过民主讨论来辨别是与非、对与错。

建立制约机制能够使体育行为环境得到净化与优化,能够为体育价值体系的落实提供规范有序的环境。为贯彻落实体育价值体系,净化体育行为环境,要设立监督部门、纪律委员会等组织机构,并制定督查制度。

(三)评价机制

本质上而言,评价就是反馈,构建评价机制就是要进行反馈机制的构建。事实上,反馈机制普遍存在于社会系统中,在现代管理方法中,反馈机制管理法发挥着非常重要的作用,其能在社会各类不同的系统中充分发挥自己的控制作用。在建设与践行体育价值体系的过程中,通过丰富多样的反馈信息能够在一定程度上影响践行者的行为,并进一步强化其行动。

在评价机制的构建与运行中,要注意以下几个要点。

(1)评价方式要正确合理,提高分析的客观性、全面性与科学性。不管是对积极的体育价值行为进行评价,还是对消极的体育价值行为进行评价,都应该建立在客观、科学、全面分析的基础上,这样才能引起共鸣,使评价结果更易被认可,并通过评价起到一定的教育作用。

(2)对评价和反馈信息及时作出相应的回应,对人们遇到的价值冲突进行解决,提供正确的价值导向。

(3)深入基层,广开言路,聆听广大民众的声音,发现确实存在但总被忽视的问题,从根本上解决问题,使体育价值体系在人民群众中落实好,得到大众的认可。

(4)评价是建立在对信息进行客观、准确分析的基础上,收集的信息是否准确、全面,直接影响评价效果。因此在信息收集上必须采用多种途径和方式,如访谈、座谈、调查报告、网络讨论及留言等。

三、中国体育价值体系的建设途径

(一)体制改革

人们的体育观念受到客观存在的现象,尤其是现行体育制度的影响。我国在 20 世纪五六十年代形成的体育制度经过不断发展延续至今,在当时背景下形成的体育制度有浓厚的计划经济色彩,并在"举国体制"下进行体育资源配置。这种体育体制的社会影响非常重大,在形成之初发挥的历史作用也不容忽视。正因如此,在改革开放的进程中,我国并没有积极调整体育体制的发展方向,其依然按照历史惯性前进。再加上个别集团打着"为国争光"的名号谋取不当利益,污染了体育风气,导致许多不正常现象出现在体育领域。此外,体育的发展在社会转型中也受到了各种价值冲突的影响,从而致使体育价值观念严重异化,给原有体育价值体系造成了强烈的冲击。

改革体育体制,以均衡而健康的价值取向而发展体育,更新与纠正落后的体育价值观念。体育协调发展的主要表现有竞技体育和群众体系协调发展、相互促进;城乡体育协调发展等。只有按照客观规律促进体育资源的合理流动,并以此为基础适当倾斜向弱势群体一边,才能够使体育的公平原则真正落实和发挥作用,也才能积极宣传体育的健康价值。①

在基层群众中开展民族民间体育活动对促进中国传统体育文化觉醒非常有利,也有利于形成优秀的中华体育精神,而这些都是体育"以人为本"的价值取向得以实现的必要途径。这个过程也是体育价值体系发挥作用的过程。

(二)宣传教育

宣传教育途径就是通过报纸、电视、网络等多种媒介宣传积极正确的体育价值观,同时分析并批判错误的体育价值观。

大众传媒在现代社会生活中占有非常重要的地位,发挥着关键的作用,尤其是深刻影响着处于价值观形成期的青少年群体。部分新闻媒体为了追求眼球效应和经济效益,传播一些庸俗不堪的内容,刺激受众的多种感官,使受众尤其是青少年产生不健康的体育价值观念。对此,学校、家庭和社会要相互协作,共同努力,引导青少年树立正确的价值观,鼓励青少年以科学的积极向上的方式参与体育运动。

(三)体育实践

实践是落实体育价值体系的根本途径。只有采取实践行动,才能检验理论的正误,才能进一步修正理论,这是检验和修正理论的唯一路径。具体有以下两条途径。

1."内生性"途径

"内生性"途径指人们从自身需要出发,选择体育价值体系并不断内化(或外化)的过程。体育价值体系能够满足人们在体育价值方面的追求,有助于实现人的精神追求和自我价值,这从体育核心价值体系中体现得更明显。在体育价值体系实践中,人的心理需求不断满足,精神日渐升华。

2."外源性"途径

"外源性"途径是人们以外部环境的影响为依据而调节自己价值追求和实践行为的过程。社会生产力、生产关系、上层建筑、教育程度等外在条件都会在一定程度上制约人的认知和行为,可见人的认知行为既有能动性,又有受动性,是二者的结合与统一。在社会活动中的行动主体在这

---

① "提升我国体育文化软实力核心问题研究"课题组.中国体育文化软实力及其提升[M].北京:科学出版社,2015.

种情况下必然会与外界发生各种各样的关系,从而形成利益共同体。在体育价值体系实践中,要与人们的体育实践活动密切联系起来,贴近人们的生活实际和心理需求,通过影响群体来积极影响个人。

在落实体育价值体系方面,首要任务是建设科学的体育价值体系,这项工作并不是说由某个专家或某一领域的学者就可以独立完成,它需要在不断的体育价值实践中来完善,所以,构建体育价值体系的工作是"常做常新"的,需要体育理论研究者、体育实践工作者等有关人员的共同努力,在这个过程中也体现了改革创新的时代精神。[①]

我国构建的体育价值体系是否与人民对真善美的追求相符,是否能够在实践中实现,直接决定了其能否受到人民的认可和欣赏,被广泛认可的体育价值体系所产生的影响力不可估量,能够充分发挥提升体育文化软实力的巨大作用。

第四节　传承与发展民族传统体育

一、民族传统体育传承发展与文化自信的关系

对于任何一个国家或民族来说,要持续发展,就离不开文化自信这个力量,这个力量具有基本性、深层性和持久性。作为中华民族传统文化的典型代表,中华民族传统体育经历了漫长的发展历程。民族传统体育一路走来遇到了很多艰难险阻,但凭借独立而强大的民族精神克服困难走到今天。民族精神是维系中华民族繁荣发展的强大支撑,它滋养人民的心灵,锤炼人们的身心,蕴含着深刻的道德文化和育人精神,民族传统体育在民族精神的支撑下发展至今依然有鲜活顽强的生命力。[②]

从中华民族血脉深处发展起来的民族传统体育具有鲜明的民族传统文化基因,如气度、理念、神韵、智慧等,这些都是独一无二、不可复制的,正因如此,当不同国家、民族的体育文化同台交流、相互碰撞时,中华民族传统体育才更有自信,更加从容淡定,这种良好的自我感觉是发自内心深处的。现在,推动中华民族传统体育传承与发展已经成为一项重要的历

---

① "提升我国体育文化软实力核心问题研究"课题组.中国体育文化软实力及其提升[M].北京:科学出版社,2015.
② 李莹,杨风雷.论发展民族传统体育提升文化自信的价值和策略[J].体育文化导刊,2020(02):1-5+23.

史使命,不管是提升民族文化的实力,还是强化民族文化的自信,都要求传承与发展民族传统体育,并在传承与发展中坚定信念,保持高度的文化自觉与自信。

二、传承与发展民族传统体育,提升民族文化自信的策略

(一)坚持文化自主,坚定文化自信

中华民族传统体育文化是中华民族优秀文化成果的典型代表,中华民族对自然万物的认识规律以及丰富的辩证哲学统一思想(刚柔相济、阴阳协调、神形兼备、内外平衡)都涵盖其中。在传承与发展民族传统体育文化的过程中,我们必须清楚自己的文化底线是什么,并将这一底线牢牢守住,在传承发展中文化态度要端正,要有高度的文化自觉心,并坚持与坚定文化自主、文化自信,促进文化自强不息。传承与发展民族传统体育文化,既需要实现竞技领域的突破,也需要在文化自信上寻求提升,前者代表"感性",后者代表"理性",兼顾"感性"与"理性"非常必要。在参与民族传统体育的过程中,应对其中的竞技元素进行高度提炼,将中华民族传统体育的战斗风范与不屈精神展现出来,从而流露出中华民族传统体育文化自信的一面,但也要深刻认识到中华民族传统体育的竞技性和西方竞技体育的异同。

(二)发展民族传统体育产业,渗透民族文化自信

在民族传统体育的发展中,产业化是实现转型和重生复活的重要机遇,牢牢抓住这个机遇,大力发展民族传统体育产业,有助于促进民族文化自信在多个行业的渗透。

从民族传统体育产业化发展的实践来看,将民族传统体育与旅游业结合起来,发展民族传统体育旅游产业是不错的选择。随着社会的不断发展,人民群众的物质生活水平显著提升,有旅游需求的人越来越多,而且传统的旅游模式已经不能满足人们的需要了,人们开始追求身体力行的参与性旅游方式,可见人们对生活品质和旅游体验的需求较高,而体育旅游能够满足人们的这一需求,人们在旅游过程中可以亲近自然,感受风土人情,可以强身健体,娱乐放松,也可以陶冶情操,开扩眼界,同时还能充分彰显自己的个性,实现自我价值。民族传统体育具有地域性、独特性,与民族地区的风俗习惯、宗教信仰密切联系,民族色彩浓郁,是非常有价值的文化资本。在市场经济环境下进行民族传统体育文化的资本运作,

可以取得良好的经济效益和社会效益,从而为民族传统体育的可持续发展创造新的动力源泉。对少数民族地区来说,发挥地方体育资源的优势,将资源投入市场走旅游产业化发展道路,可改善地方经济,造福族人。

民族传统体育旅游具有文化旅游的性质,它和一般的旅游相比层次更高一些,这种文化旅游不仅能使游客的心理需求得到满足,还能对社会经济的发展起到重要的推动作用,而地方经济的发展又有助于为传承与发展民族传统体育提供经费支持。开发民族传统体育旅游业,还能使旅游的内容更加充实、丰富,并使民族传统体育在新的发展旅游有所突破,找到转型的良机,可以说民族传统体育与旅游的结合达到了双赢的效果。地方政府将本地旅游业和丰富的民族传统体育资源结合起来,构建创新性的民族传统体育旅游发展模式,是提高民族传统体育造血功能的文化自信体现。

此外,在民族传统体育产业化发展中,还有一些可开发的重要渠道,如对民族传统体育器材设备的生产开发、对丰富多彩的民族传统体育表演活动的组织开展等,这些渠道广泛、形式多样的发展模式都是基于民族文化自信而形成的,文化自信渗透于民族传统体育产业的相关行业中,被文化自信浸润和熏陶的民族传统体育产业及相关行业能够获得更持久的发展。

（三）融入学校教育体系,培育青少年的文化自信

不管是开展文化教育活动,还是进行文化传承,都离不开学校这个主要阵地。当前,我国体育事业发展中存在一个明显的短板,即在我国中小学及高校的体育课程中,西方竞技体育占主导地位,学生长期参与竞技体育,已经习以为常。学校不开设民族传统体育课程或者说民族传统体育课程的地位落后于西方竞技体育课程,可见学校教育迷失了中华民族传统文化的方向,这对于民族文化的传承及繁荣发展是不利的。要想别人看到中华民族传统体育的光芒,自己首先要重视传承民族传统体育文化,对本民族文化保持坚定的自信心,然后向外拓展、延续,保持民族文化自信还有助于维护社会主义核心价值观的稳定及促进中华民族主流思想的传播。

学校在传承与发展民族传统体育方面应该肩负起重要责任,只有将民族传统体育纳入学校正规教育的行列中,才能有效推动民族传统体育向社会各个领域的蔓延。当前,对学校体育教学中存在的只重视西方竞技体育教育而忽视民族传统体育教学的现状要大力改革,考虑到青少年

学生对民族传统体育文化的认知水平较低,学校在体育课程设置与教学中应倾向于民族传统体育教学,并注重开展丰富的民族传统体育文化活动,营造良好的民族传统体育学习环境与氛围,使学生清楚地理解民族传统体育文化内涵,课后自发组织民族传统体育活动,自觉参与相关活动。

需要注意的是,学校开设民族传统体育课程,要选择那些影响力大的、具有代表性的典型项目作为主要教学内容,如武术、太极拳、气功等。学校还应将民族传统体育引入学校每年定期举办的校园运动会中,增设民族传统体育竞赛项目,鼓励学生参与,营造浓郁的活动氛围。有些民族传统体育和民俗节日关系密切,在民俗节日中可举办相关民族传统体育项目的表演活动,使学生在欣赏与参与中对民族传统体育文化及民俗节日文化有所了解,对相关技艺予以掌握,提高学生对民族传统体育文化的认知水平,使学生的文化自信更加坚定,使学生自觉承担起传承与弘扬中国民族传统体育文化的重任。

(四)加大国际化传播力度,坚守民族体育文化的内涵特质

民族传统体育文化作为中华民族的标识可谓根深蒂固,其在人民群众日常生活中的渗透性非常强。在文化全球化背景下,中华民族文化的繁荣发展除了要提升自身的造血功能,还要吸收与借鉴其他民族的优秀物质文化与精神文化。而引进其他民族的文化对本民族文化的发展的影响是两面性的,即机遇与挑战并存。中国民族传统体育文化是中华民族传统文化的优秀代表,在国际化道路上传播中华民族传统体育文化,最终服务于人类"大体育"的发展,这是中华民族传统体育文化的重要价值体现。中华民族传统体育文化特有的令人信服的魅力是其赢得世界认可和广受世界人民欢迎的主要原因,要体现与强化这种魅力,既要坚定地保持中华民族的文化特质,又要满足世界人民普遍的合理的需求。这就需要我们在传承与发展民族传统体育中做好以下工作。

第一,保护好民族传统体育文化,在世界大舞台上将民族传统体育文化发扬光大。

第二,秉持民族传统体育文化的独特性,坚定自己的文化方向,不要在五彩斑斓的文化世界中迷失方向。

第三,通过宣传使其他民族人民领略中华民族传统体育文化的魅力,主动将民族传统体育文化向世界渗透、扩散,以得到全世界的认可与信服。

第四,坚持与时俱进,坚持创新发展,迎合文化全球化的时代需要,争

取使民族传统体育项目进入奥运会大家庭,在此之前要进行分层分批改造与完善,使民族传统体育项目符合进入奥运会的条件。借助奥运会的国际平台,能够向全世界传播民族传统体育文化。但要注意在国际化发展及完成进入奥运会目标的同时,要将东、西方体育文化的关系处理好,在二者平等对话的基础上实现创新发展与国际化发展。

第五节　坚持中国特色社会体育文化的发展道路

一、坚持中国特色社会主义价值观

体育文化的核心是体育价值观,这个核心部分对我国体育事业的发展方向起到了重要的引导作用。所以,我们应该基于社会主义核心价值观来确定体育核心价值观,保持二者的一致性。我国社会主义核心价值观的主要理念是"以人为本""公平正义"和"社会和谐",这些重要的价值理念对我国体育事业的发展实践起到了举足轻重的指导作用。

（一）"以人为本"是我国体育事业发展的根本立场

"以人为本"是构建社会主义和谐社会的根本价值原则,其本质就是人的全面发展。体育是中国特色社会主义的一部分,以"以人为本"是我国体育事业发展的根本立场和核心理念。以人为本,要求在发展体育时首先要考虑的是人,凡事以人为重、以人为出发点,要不断满足人们对体育的需求,促进人更好地发展。人应当指的是广大人民群众。体育作为一项促进人全面发展的事业,它的立足点应当是广大人民群众,应当根据民众的需求发展大众体育,为广大民众提供体育服务,让他们充分享受体育权力。①

（二）"公平正义"是我国体育事业发展的根本保证

体育文化是社会主义特色文化的一部分,应将公平正义作为我国体育事业的核心价值取向。当今民众的生存、自由、全面发展已经离不开体育,社会主义国家应当把参加体育运动视为公民的一种基本权利,"公平"

① "提升我国体育文化软实力核心问题研究"课题组.中国体育文化软实力及其提升[M].北京:科学出版社,2015.

的社会主义核心价值观就要求国家和社会的体育发展方针、政策、法规、体制、制度以及实施措施等都应该考虑绝大多数民众体育权利的兑现。

（三）"社会和谐"是我国体育事业发展的永恒追求

社会和谐是社会追求的一种理想状态,是国家富强、人民幸福的保证。体育发展的本身需要和谐,体育又是构建社会主义和谐社会的重要途径,它应对推动社会的和谐起到应有的作用。体育的健康发展需要和谐,需要内部结构的和谐以及与外部关系的和谐。和谐体育是围绕人自身和谐、人与人和谐、人与社会和谐、人与自然和谐这四个维度展开的,构建和谐体育既要从体育内部不同形态的协调发展着手,又要从体育与政治、经济、文化、社会和环境的协调发展着眼构思设计,持之以恒,才能达到目标。①

二、坚持全民健身的社会体育发展模式

新中国成立以来,我国结合本国国情、同时学习国外经验,逐步形成了"全民健身"的社会体育发展模式。这种模式适合我国国情,使我国社会体育迎来了蓬勃发展的大好形势。社会体育的这一发展模式具有以下特征。

（1）核心价值取向是"以民为本"。

（2）在政府支持下,基层群众性体育组织迅速发展,覆盖面较广的社会化全民健身网络逐渐形成,以这些网络为依托社会体育发展形势良好。

（3）各级政府支持体育设施建设,尤其对群众身边的小型、适用的体育设施建设给予了极大的支持。

现在,我们应当加强对全民健身的社会体育发展模式的改革与完善,搞好社会体育服务业,为全民健身的发展奠定基础,促进全民健身运动可持续发展。具有先进性与优越性的社会体育发展模式是国家体育文化软实力的重要组成部分,不断完善这一发展模式对促进国家体育文化软实力的提升具有重要意义。

---

① "提升我国体育文化软实力核心问题研究"课题组.中国体育文化软实力及其提升[M].北京:科学出版社,2015.

三、坚持有中国特色的竞技体育发展模式

新中国成立后,我国在较长一段时间里所采取的竞技体育发展模式是基于计划经济背景而形成的"举国体制"模式,该模式为我国竞技运动的发展提供了一条简捷、有效的途径。改革开放后,原来的"举国体制"模式与经济体制转型、社会发展需要不相适应,逐渐显露出各种问题。于是,我国从 20 世纪 80 年代中期开始尝试探索新的竞技体育发展模式,新模式要满足的条件是既适应社会主义市场经济体制,又与现代体育发展规律相符;既能体现中国社会主义特色,又与世界潮流相适应。在长期的改革与探索过程中,人们重新认识了"举国体制",即"举国体制"应当是集合全国上下的力量来办大事,除了政府的力量外,社会力量和个人力量也是全国之力的一部分。基于对"举国体制"的新认识,在社会主义市场经济背景下我国积极构建新的"举国体制",新型举国体制的竞技体育发展模式是以人民群众的体育利益为最高目标,以政府充分发挥主导为核心,形成政府、社会、个人三位一体,财政和市场双轮驱动的竞技体育事业管理体系和运行机制。①

现阶段,我们要继续坚持新型"举国体制"模式来发展竞技体育事业,但要注意与时俱进。立足本国国情建立起来的既有本国特色又适应当代潮流的竞技体育发展模式是一种非常强大的体育软实力,坚持该模式对内有助于推动我国竞技体育事业的可持续发展,对外有助于使我国体育事业在国际上产生很大的影响力。

---

① "提升我国体育文化软实力核心问题研究"课题组.中国体育文化软实力及其提升 [M].北京:科学出版社,2015.

参考文献

[1] 卢元镇.中国体育文化纵横谈 [M].北京：北京体育大学出版社，2005.

[2] 王岗.体育的文化真实 [M].北京：北京体育大学出版社，2007.

[3] 周西宽.体育基本理论教程 [M].北京：人民体育出版社，2008.

[4] 易剑东.体育文化学 [M].北京：北京体育大学出版社，2006.

[5] 颜绍泸.竞技体育史 [M].北京：人民体育出版社，2006.

[6] 周登嵩.学校体育学 [M].北京：人民体育出版社，2004.

[7] 肖林鹏.体育管理学 [M].北京：北京师范大学出版社，2011.

[8] "提升我国体育文化软实力核心问题研究"课题组.中国体育文化软实力及其提升 [M].北京：科学出版社，2015.

[9] 朱家新.新时期农村体育发展理论与实证研究 [M].合肥：安徽大学出版社，2007.

[10] 田雨普等.农民体育发展战略研究 [M].南京：南京师范大学出版社，2009.

[11] 奚凤兰，高中玲，杜志娟.生态文明背景下我国农村体育文化建设研究 [M].西安：西安交通大学出版社，2017.

[12] 饶柳.浅析农村体育、群众体育与体育强国的关系 [J].运动，2012（02）：151–152+58.

[13] 卢文云.迈向体育强国我国竞技体育发展面临的问题与对策 [J].沈阳体育学院学报，2020,39（02）：75–81+107.

[14] 石韬.体育强国视角下大众、竞技体育的协调发展 [J].红河学院学报，2013,11（04）：122–125.

[15] 宁志勇.竞技体育对中国体育强国之路的重要作用 [J].贵州体育科技，2014（04）：5–7.

[16] 肖焕禹，陈玉忠.奥林匹克运动与人类社会和谐发展的新理念探析—解读北京奥运三大主题 [J].上海体育学院学报，2003（1）.

[17] 庞建民,林德平等.对竞技体育中异化现象的分析与研究 [J].体育文化导刊,2007(1):47–49.

[18] 李龙,陈中林.现代竞技体育文化的和谐内涵 [J].体育学刊,2007(3):41–44.

[19] 曾志刚,彭勇 [J].竞技体育文化的几点内涵探析,2006(2):53–55.

[20] 白晋湘.论中国民族传统体育文化与西方竞技体育文化的冲突与互补 [J].北京体育大学学报,2003(5):295–296.

[21] 李秀.中国传统体育文化与西方竞技体育文化的对比研究 [J].职业圈,2007(7):65–66.

[22] 邱江涛,熊焰.竞技体育文化特征探析 [J].吉林师范大学学报(自然科学版),2004(3):99–101.

[23] 张恩,李龙.我国现代竞技体育文化的特征 [J].体育学刊,2010(8):30–32.

[24] 刘永强,崔洪成.体育强国建设背景下高校体育的困惑与出路 [J].南京体育学院学报(社会科学版),2012,26(05):103–107.

[25] 连文冲,任延东.体育强国建设背景下学校体育新格局的构建研究 [J].现代经济信息,2019(19):416.

[26] 贾斌,王保金.新时代体育强国建设的基本内涵和实现路径研究 [J].西安体育学院学报,2020,37(04):430–436.

[27] 林超.体育强国概念研究的评述 [J].福建体育科技,2013,32(03):15–17.

[28] 杜娟.我国发展体育强国的特征与意义浅析 [J].当代体育科技,2019,9(36):229+231.

[29] 李荷皎.论新时代中国特色体育强国思想的内涵与特征 [A].中国体育科学学会.第十一届全国体育科学大会论文摘要汇编 [C].中国体育科学学会:中国体育科学学会,2019:2.

[30] 梁玉娇.新时代体育强国战略的背景与意义 [J].体育世界(学术版),2019(02):56–57.

[31] 樊盟.习近平新时代中国特色社会主义体育强国思想分析 [J].产业与科技论坛,2019,18(24):82–83.

[32] 李荷皎.论新时代中国特色体育强国思想的内涵与特征 [A].中国体育科学学会.第十一届全国体育科学大会论文摘要汇编 [C].中国体育科学学会:中国体育科学学会,2019:2.

[33] 尹贤彬,张绪婷.习近平新时代体育强国思想的理论特质和时代特征[J].创造,2019(11):11–16.

[34] 李鹏.新时代习近平体育强国思想研究[J].文体用品与科技,2019(22):50–51.

[35] 李莹,杨风雷.论发展民族传统体育提升文化自信的价值和策略[J].体育文化导刊,2020(02):1–5+23.

[36] 龚建林,许玲.体育文化生态系统运行机制与政府角色研究[J].运动,2013(05):3–4+26.

[37] 王帆,杨雪芹.重构少数民族体育文化生态系统的探讨[J].成都体育学院学报,2009,35(02):40–42.

[38] 龚建林.体育文化生态系统的结构与特性[J].体育学刊,2011,18(04):40–44.

[39] 于军.建设体育强国进程中群众体育发展战略[J].山东社会科学,2013(12):188–192.

[40] 纪惠芬.从十九大报告解读群众体育国策和体育强国内涵[J].广州体育学院学报,2019,39(02):5–8.

[41] 饶柳.浅析农村体育、群众体育与体育强国的关系[J].运动,2012(02):151–152+58.

[42] 赵新辉,尚香转.我国群众体育发展现状及对策研究[J].辽宁体育科技,2020,42(02):24–28.

[43] 刘巍.新农村体育事业发展问题研究[M].北京:中国物资出版社,2009.

[44] 田媛,肖伟.新型城镇化背景下我国农村体育发展方式及实现路径研究[M].北京:群言出版社,2017.

[45] 齐立斌,李泽群,曹庆荣,等."体育强国战略"的农村体育发展模式构思[J].社科纵横,2009,24(12):64–66.

[46] 吴剑明,石真玉,王薇,等.体育强国构建背景下我国农村体育发展研究[J].哈尔滨体育学院学报,2012,30(03):23–27.

[47] 时艳.江苏体育文化产业发展现状分析[J].体育世界(学术版),2020(03):40–41.

[48] 刘家辰.新时期体育文化产业化发展路径研究[J].中国市场,2020(21):58–59.

[49] 许正林.我国体育文化产业发展现状与前景[J].体育科研,2005(6):12–14.

[50] 张文革, 张四清 . 论体育文化的产业化 [J]. 山东体育科技, 2006（1）: 36-37.

[51] 宋义忠 . 浅析新时期我国体育管理体制改革的思考 [J]. 决策与信息（下旬刊）, 2011（1）: 23-24.